AF633764

Initiation und Liebe in Zaubermärchen

Eine Brücke zu dem alten Wissen

Jürgen Wagner

tao.de

© tao.de in J. Kamphausen Mediengruppe GmbH, Bielefeld

1. Auflage (2014)

Autor: Jürgen Wagner
Umschlaggestaltung: tao.de
Umschlagfoto: Titelbild: Ivan Bilibin, Wassilissa bei der Hütte der Baba Jaga

Printed in Germany

Verlag: tao.de in J. Kamphausen Mediengruppe GmbH, Bielefeld,
www.tao.de, eMail: info@tao.de

Bibliografische Information der Deutschen Nationalbibliothek:
Die Deutsche Nationalbibliothek verzeichnet diese Publikation in der Deutschen Nationalbibliografie; detaillierte bibliografische Daten sind im Internet über http://dnb.d-nb.de abrufbar.

978-3-95802-275-1 (Paperback)
978-3-95802-276-8 (Hardcover)
978-3-95802-277-5 (e-Book)

Das Werk, einschließlich seiner Teile, ist urheberrechtlich geschützt. Jede Verwertung ist ohne Zustimmung des Verlages unzulässig.
Dies gilt insbesondere für die elektronische oder sonstige Vervielfältigung, Übersetzung, Verbreitung und sonstige Veröffentlichungen.

INHALT

Gustav Klimt, Der Lebensbaum

Der Wunderbaum

Ein Hirtenknabe erblickte eines Tages, als er die Schafe weidete, auf dem Felde einen Baum, der war so schön und groß, dass er lange Zeit voll

Verwunderung dastand und ihn ansah. Aber die Lust trieb ihn hinzugehen und hinaufzusteigen; das wurde ihm auch sehr leicht, denn an dem Baume standen die Zweige hervor wie Sprossen an einer Leiter. Er zog seine Schuhe aus und stieg und stieg in einem fort neun Tage lang. Siehe, da kam er in ein weites Feld, da waren viele Paläste von lauter Kupfer, und hinter den Palästen war ein großer Wald mit kupfernen Bäumen, und auf dem höchsten Baume saß ein kupferner Hahn; unter dem Baume war eine Quelle von flüssigem Kupfer, die sprudelte immerfort, und das war das einzige Getöse; sonst schien alles wie tot, und niemand war zu sehen, und nichts regte und rührte sich.

Als der Knabe alles gesehen, brach er sich ein Zweiglein von einem Baum, und weil seine Füße vom langen Steigen müde waren, wollte er sie in der Quelle erfrischen. Er tauchte sie ein, und wie er sie herauszog, so waren sie mit blankem

Kupfer überzogen; er kehrte schnell zurück zum großen Baum; der reichte aber noch hoch in die Wolken, und kein Ende war zu sehen. "Da oben muss es noch schöner sein!" dachte er und stieg nun abermals neun Tage aufwärts, ohne dass er müde wurde, und siehe da kam er in ein offenes Feld, da waren auch viele Paläste, aber von lauter Silber, und hinter den Palästen war ein großer Wald mit silbernen Bäumen, und auf dem höchsten Baum saß ein silberner Hahn; unter dem Baum war eine Quelle mit flüssigem Silber, die sprudelte immerfort, und das war das einzige Getöse, sonst lag alles wie tot, und niemand war zu sehen, und nichts regte und rührte sich.

Als aber der Knabe alles gesehen hatte, brach er sich ein Zweiglein von einem Baum und wollte sich aus der Quelle die Hände waschen; wie er sie aber herauszog, waren sie von blinkendem Silber überzogen. Er kehrte schnell zurück zum großen Baum, der reichte noch immer hoch in die Wolken, und es war noch kein Ende zu sehen. "Da oben muss es noch schöner sein!" dachte er und stieg abermals neun Tage aufwärts, und siehe da war er im Wipfel des Baumes, und es öffnete sich ein weites Feld; darauf standen lauter goldne Paläste, und hinter den Palästen war ein großer Wald mit goldnen Bäumen, und auf dem höchsten Baum saß ein goldner Hahn; unter dem Hahn war eine Quelle mit flüssigem Golde, die sprudelte immerfort, und das war das einzige Getöse; sonst lag alles wie tot, und niemand war zu sehen, und nichts regte und rührte sich. Als der Knabe alles gesehen hatte, brach er sich ein Zweiglein von einem Baum, nahm seinen Hut ab, bückte sich über die Quelle und ließ seine Haare ins sprudelnde Gold hineinfallen. Als er sie aber herauszog, waren sie übergoldet. Er setzte seinen Hut auf, und wie er alles gesehen hatte, kehrte er zurück zum großen Baum und stieg nun in einem fort wieder hinunter und wurde gar nicht müde. Als er auf der Erde angelangt war, zog er seine Schuhe an und suchte seine Schafe; doch er sah von ihnen keine Spur. In weiter Feme aber erblickte er eine große Stadt; jetzt merkte er, dass er in einem andern Lande sei. Was war zu tun.

Er entschloss sich hineinzugehen und sich dort einen Dienst zu suchen. Zuvor jedoch versteckte er die drei Zweiglein in seinen Mantel, und aus dem Zipfel desselben machte er sich Handschuhe, um seine silberigen Hände zu verbergen.

Als er in der Stadt ankam, suchte der Koch des Königs gerade einen Küchenjungen und konnte keinen finden; indem kam ihm der Knabe zu Gesicht. Er fragte ihn, ob er um guten Lohn Dienste bei ihm nehmen wolle. Der Junge war da zufrieden unter einer Bedingung: er solle den Hut, den Mantel, die Handschuhe und die Stiefel nie ablegen müssen, denn er habe einen bösen Grind und müsste sich schämen. Das war dem Koch nicht ganz recht; allein weil er sonst niemanden bekommen konnte, musste er einwilligen. Er gedachte bei sich: "Du kannst ihn ja immer nur in der Küche verwenden, dass niemand ihn sieht." Das währte so eine Zeitlang. Der Junge war sehr fleißig und tat alle Geschäfte, die ihm der Koch auftrug, so pünktlich, dass ihn dieser sehr liebgewann. Da geschah es, dass wieder einmal Ritter und Grafen erschienen waren, die es unternehmen wollten, auf den Glasberg zu steigen, um der schönen Tochter des Königs, die oben saß, die Hand zu reichen und sie dadurch zu erwerben. Viele hatten es bisher vergebens versucht; sie waren alle noch weit vom Ziele ausgeglitscht und hatten zum Teil den Hals gebrochen. Der Küchenjunge bat den Koch, dass er ihm erlauben möchte, von ferne zuzusehen. Der Koch wollte es ihm nicht abschlagen, weil er so treu und fleißig war, und sagte nur: "Du sollst dich aber versteckt halten, dass man dich nicht sieht!" Das versprach der Junge und eilte in die Nähe des Glasberges.

Da standen schon die Ritter und Grafen in voller Rüstung mit Eisenschuhen, und sie fingen bald an, der Reihe nach hinaufzusteigen; allein keiner gelangte auch nur bis in die Mitte, sie stürzten alle herab, und manche blieben tot liegen. Nun dachte der Knabe bei sich: "Wie wäre es, wenn du auch versuchtest?" Er legte sogleich Hut und Mantel und Handschuhe ab, zog seine Stiefel aus und nahm den kupfernen Zweig in die Hand, und ehe ihn jemand bemerkt hatte, war er durch die Menge gedrungen und stand am Berge; die Ritter und Grafen wichen zurück und sahen und staunten; der Knabe aber schritt sogleich den Berg hinan ohne Furcht, und das Glas gab unter seinen Füßen nach wie Wachs und ließ ihn nicht ausgleiten. Als er nun oben war, reichte er der Königstochter demütig das kupferne Zweiglein, kehrte darauf sogleich um, stieg hinab, fest und sicher, und ehe sich's die Menge versah, war er verschwunden.

Er eilte in sein Versteck, legte seine Sachen an und war schnell in der Küche. Bald kam auch der Koch und erzählte seinem Jungen die Wunderdinge von dem schönen Jüngling mit den kupfernen Füßen, den silbernen Händen und den goldnen Haaren, und wie er den Glasberg erstiegen und ein kupfernes Zweiglein der Königstochter gereicht habe und wie er dann wieder verschwunden sei; dann fragte er den Jungen, ob er das auch gesehen habe. Der Junge sagte: "Nein, das habe ich nicht gesehen, das war ich ja selbst!" Aber der Koch lachte über den dummen Einfall und erwiderte im Scherz: "Na, da müsste ich dann ein großer Herr werden!"

Am andern Tage wollten es mehrere Ritter und Grafen wieder versuchen und versammelten sich vor dem Glasberg. Der Junge bat den Koch abermals, er möchte ihm erlauben, aus der Ferne zuzusehen. Der Koch konnte es ihm nicht abschlagen und sagte nur: "Du sollst dich aber versteckt halten, dass niemand dich sieht!" Das versprach der Junge und eilte an seinen gestrigen Platz. Die Ritter fingen an hinaufzusteigen, allein vergebens: sie stürzten alle herab, und mehrere blieben tot. Der Junge zögerte nicht länger und versuchte zum zweiten Mal. Er hatte schnell seine Kleider abgelegt; er nahm das silberne Zweiglein und schritt, ehe man es merken konnte, woher er kam, durch die Menge, und alles wich vor ihm zurück, und er ging ruhig und sicher den Glasberg hinan, und das Glas gab nach wie Wachs und zeigte die Spuren, und wie er oben war, überreichte er demütig der Königstochter das Zweiglein; gerne hätte sie auch seine Hand gefasst; er aber kehrte gleich zurück und schritt hinab und war in der Menge auf einmal verschwunden. Er warf seine Kleider um und eilte nach Hause. Bald kam auch der Koch und erzählte wieder von den Wunderdingen, von dem schönen Jüngling mit den kupfernen Füßen, den silbernen Händen, den goldenen Haaren und wie er hinangestiegen, der Königstochter ein silbernes Zweiglein gereicht, wie er herabgekommen und verschwunden sei. Er fragte seinen Jungen, ob er das nicht gesehen.

Der Junge sagte: "Nein, das habe ich nicht gesehen, das war ich selbst!" Der Koch lachte wieder recht herzlich und sagte im Scherz; "Da müsste ich auch ein großer Herr werden!"

Am dritten Tage wollten es einige Ritter und Grafen noch einmal versuchen und versammelten sich vor dem Glasberg. Der Junge bat den Koch wieder, er möchte ihm erlauben, aus der Ferne zuzusehen. Der Koch wollte ihm's nicht abschlagen und sagte nur; "Du sollst dich aber versteckt halten, dass niemand dich sieht!" Das versprach der Junge und eilte sogleich an seinen Platz. Die Ritter und Grafen versuchten's, aber umsonst; sie stürzten alle herab, und mehrere blieben tot liegen. Der Knabe dachte: "Noch einmal willst du es auch versuchen; er warf seine Kleider von sich, nahm das goldene Zweiglein und eilte, noch ehe man's merken konnte, woher er kam, durch die Menge bis zum Glasberg; alles wich vor ihm zurück. Da schritt er fest und sicher hinan, und das Glas gab nach wie Wachs und zeigte die Spuren, und als er oben war, überreichte er demütig das Goldzweiglein der Königstochter und bot ihr die rechte Hand; sie ergriff sie mit Freuden und wäre gern mit ihm den Berg hinabgestiegen. Der Junge aber machte sich frei und stieg allein hinunter und war wieder schnell unter der Menge verschwunden. Er legte seine Kleider an und eilte zurück an seinen Platz in die Küche.

Als der Koch nach Hause kam, erzählte er von den Wunderdingen, von dem schönen Jüngling mit den kupfernen Füßen, den silbernen Händen, den goldnen Haaren und wie er zum dritten Mal den Glasberg erstiegen, der Königstochter ein goldnes Zweiglein gereicht und ihr die Hand geboten habe, wie er aber allein wieder herabgestiegen und unter der Menge verschwunden sei; er fragte ihn, ob er das nicht gesehen hätte. Der Junge sagte wieder: "Nein, das habe ich nicht gesehen, das war ich selbst!" Der Koch lachte wieder über den dummen Einfall und sprach: "Da müsste ich auch ein großer Herr werden!"

Der König aber und die Königstochter waren sehr traurig, dass der schöne Junge nicht erscheinen wollte. Da ließ der König ein Gebot ausgehen, dass alle jungen Burschen aus seinem Reiche barfüßig und bloßhäuptig und ohne Handschuhe vor dem König der Reihe nach vorübergehen und sich zeigen sollten. Sie kamen und gingen, aber der rechte, nach dem man suchte, war nicht unter ihnen. Der König ließ darauf fragen, ob sonst kein Junge mehr im Reich wäre. Der Koch ging sofort zum König und sprach: "Herr, ich habe noch einen Küchenjungen bei mir, der mir treu und redlich dient; der ist es aber gewiss nicht, nach dem ihr sucht! Denn er hat einen bösen Grind, und er trat nur unter der Bedingung zu mir in den Dienst, dass er Handschuhe, Mantel, Hut und Stiefel nie ablegen dürfe." Der König aber wollte sich überzeugen, und die Königstochter freute sich im stillen und dachte: "Ja, der könnte es sein!" Der Koch musste dableiben; ein Diener brachte den Küchenjungen herein, der sah aber ganz schmutzig aus. Der König fragte: "Bist du es, der dreimal den Glasberg erstiegen hat?" – "Ja, das bin ich!" sprach der Junge, "und ich habe es auch meinem Herrn immer gesagt!" Der Koch fühlte bei diesen Worten den Boden nicht unter seinen Füßen, und die Rede blieb ihm eine Zeitlang stehen; endlich sagte er: "Aber wie kannst du hier so reden" Der König achtete indes nicht darauf, sondern sprach gleich zum Jungen: "Wohlan, entblöße dein Haupt, deine Hände und Füße!" Alsbald warf der Junge seine Kleider ab und stand da in voller Schönheit und reichte der Jungfrau die Hand, und sie drückte sie und war über die Maßen froh; es wurde die Hochzeit gefeiert, und nicht lange darauf übergab der König das Reich dem Jungen. "Glaubst du nun, dass ich es war, der dreimal den Glasberg erstiegen?" sprach der Junge zum Koch. "Was sollt' ich denn glauben, wenn ich das nicht glaubte!" sprach der Koch und bat um Verzeihung. "Nun, so sollst du auch ein großer Herr werden, wie du hofftest, und über alle Köche im Reich die Aufsicht führen."

Die junge Königin aber hätte gar zu gerne gewusst, woher ihr Gemahl die drei Zweiglein und die kupfernen Füße, die silbernen Hände und das goldige Haar habe. "Das will ich dir, mein Kind, nun sagen!" sprach der junge König eines Tages, "und du sollst auch selbst sehen, wie das zugegangen!" Er wollte mit ihr noch einmal auf den Wunderbaum steigen und die Herrlichkeit ihr zeigen; allein, als er an die Stätte kam, so war der Baum verschwunden, und kein Mensch hat weiter davon etwas gehört und gesehen.

Josef Haltrich – Der Wunderbaum (aus Siebenbürgen)

Die Irminsul, die ‚All-Säule' – Symbol dessen, was die Welt trägt. Sie war ein frühmittelalterliches Heiligtum der Sachsen, das durch Karl den Großen 772 von den Franken zerstört wurde

Vorwort

Initiation ist ein mehrdeutiges Wort. Es meint zunächst den Übergang und die Einführung in eine neue Lebensstufe, insbesondere des Erwachsenwerdens (vorwiegend in den alten Stammesgesellschaften). Dann bezeichnet es eine Einweihung in die Geheimnisse des Lebens (rituell in den alten Mysterienkulten). Und schließlich meint sie den Zugang zu ganz anderen Dimensionen der Wirklichkeit und Eröffnung ungeahnter Möglichkeiten (im Schamanismus). Immer hat es mit dem Tod zu tun, mit dem Sterben des Alten, damit ein Neues werden kann.

Wir gebrauchen das Wort so, dass wir diese alten Erfahrungen bewahren, die wir respektvoll und übergreifend ‚das alte Wissen' nennen. Doch müssen wir Heutigen mit *unseren* Lebenserfahrungen die Brücke finden. Es ist nicht von der Hand zu weisen, dass das Leben selbst uns vielfach einweist und einweiht in seine Wahrheiten und seine Geheimnisse: in die Liebe, in die Sexualität, in das Erwachsenwerden, in die Selbsterkenntnis und Selbstverantwortung, in die Religion, in die

Natur, in die Musik, in die Mutter- und Vaterschaft, in Trennung und Loslassen, in Geben und Nehmen, in dunkle Abgründe und lichte Höhen, in Krankheit und Balance, in Tod und Wiedergeburt, in Weisheit, Wunder und Magie, in das Empfinden einer großen Einheit, in Leere und Losgelöstsein. Das ist noch längst nicht alles. Jeder, der etwas mit Hingabe betreibt, dem öffnet sich eine Welt.

Die Brücke vom Alten zu uns schlagen hier einige ausgewählte Märchen, die alle mit Wunder- und Zauberhaftem zu tun haben* und damit etwas Geheimnisvolles zum Ausdruck bringen. Wir lesen sie nicht als phantasievolle Geschichten, sondern in der Erkenntnis der Märchenforschung, dass sie in ihren Motiven und kollektiven Bildern so manches von dem alten Wissen aufbewahrt haben. Sie erzählen es so, dass es jedem zu Herzen gehen kann, auch in unserer Zeit. Sie unterhalten, aber sie erhellen auch die Existenz (Max Lüthi). Fast immer ist die Liebe Anfang oder Ende. Wir nehmen das als Inspiration, Initiation und Liebe zusammenzunehmen. Der Zusammenhang liegt nicht nahe, aber er ist sehr wahr. Wer liebt und lieben kann, ist schon nahe am Herzen der Dinge. Und wer in die Tiefe seiner selbst oder der Natur gelangt, wird ein Liebender werden – oder er verdirbt. Dass wir hier die christliche Botschaft mit hinzunehmen, liegt nicht so fern. Es ist ein Versuch, die inneren Wahrheiten (die ‚Esoterik' **) der alten und der ‚neuen' Tradition miteinander zu versöhnen.

In unserem Eingangsmärchen sieht ein einfacher Hirtenknabe den, wie es in den ungarischen Erzählungen heißt, ‚himmelhohen Baum'. Dahinter verbirgt sich nichts anderes als der Weltenbaum, den viele Völker als Symbol in ihrerer Tradition haben. Fast jeder Schamane hat ihn in irgendeiner Weise bei sich. Er ist ein Bild der Einheit, der Ausrichtung und Gliederung allen Lebens: die lichte Oberwelt mit dem Vogel (als Repräsentant der Luft- und Geistwesen), die dunkle Unterwelt mit der Quelle und dem Reich der Toten, die Mittelwelt mit den irdischen Wesen***. Wer zu dieser Einheit gelangen will, muss einen Weg der *Initiation* beschreiten, einen Weg der Einweihung und des Aufstiegs. Das Märchen beschreibt ihn als Emporklettern auf diesen hohen Baum. Er gelangt zum Kupfer, dann zum Silber, schließlich zum Gold. Alle 3 Metalle sind eine edle Qualität. Das Märchen deutet seine Symbole nie, aber wer ein wenig damit vertraut ist, kann mit dem höchsten Edelmetall ‚Gold' vieles assoziieren: das Göttliche, die Glorie, die Erleuchtung, die Vollendung, der Glanz, die Schönheit, den höchsten Wert.

Es ist ein Aufstieg von der Erde weg zum Himmel hin. Eine Abkehr von den alltäglichen Gewohnheiten, von den irdischen Dinge hin zu den hohen Wahrheiten. Als der Knabe zurückkommt, findet er seine Schafe, seine gewohnte Welt nicht wieder. Er *sieht* aber eine Stadt. Er muss einen neuen Weg gehen und verdingt sich bei einem Koch. Die Anfangsgeschichte wiederholt sich dann noch einmal. Er will den Glasberg ersteigen, um die Prinzessin zu freien. Da er, anders als die anderen Ritter und Freier vorbereitet ist, gelingt ihm dies. So wie der Zauberbaum eine märchenhafte Variation des Weltenbaumes ist, knüpft auch das Bild des Glasberges an den alten kosmogonischen Weltenberg bzw. den heiligen Berg der Mythen und Religionen an. Man hat viel gerätselt über dieses sonderbare Motiv. Vielleicht bedeutet er einfach dies, was im Märchen auch beschrieben wird: es ist ein Berg, der unbesteigbar und unbezwingbar ist – weil er aus einem Material ist, wo man nur abrutschen kann. Da Glas die Urbedeutung von Glanz hat, ist es auch ein schimmernder, leuchtender Berg. Nur wohnt hier nicht die Gottheit, sondern die Prinzessin. Sie ist Sinnbild der innersten Sehnsucht eines Mannes, vice versa der Frau. So konkret werden die Religionen nie. Sie sprechen meist von der universellen oder göttlichen Liebe, dem ‚Christus im Anderen' (s. etwa Mt 25/40).

Die Märchen beschreiben keinen konkreten Weg, den ein Suchender zu gehen hat, aber ihre Bilder sind oft konkreter als so mancher Mythos, so manche religiöse Geschichte. „Nicht eine uns ferne stehende Welt, eine nur für wenige Auserwählte erreichbare Weihe wird dargestellt“ (Arnica Esterl)****. Eines Tages erlebt man etwas, was einen verwandelt, hinter das man nicht mehr zurück kann. Ein Weg beginnt, der lange sein kann. Wenn es gut geht, endet er in der Liebe.

Die Märchen sagen in ihrer symbolträchtigen Sprache nicht, dass nur die Liebe zwischen Mann und Frau letztlich zählt. Sie deuten aber an, *wie* unser menschlicher Weg in das Höchste mündet: in Liebe und Vereinigung, Macht und Verantwortung. So sehen wir im Folgenden ein wenig in den Märchenspiegel hinein.

---

* S. Heino Gehrts – Schamanentum und Zaubermärchen, 1986 sowie ‚Die Welt im Märchen‘ 1984 und ‚Schamanismus und Märchen‘ 2003. S. auch die ausgezeichnete Sammlung von Arnica Esterl, Das Schloss der goldenen Sonne: Initiationsmärchen, 1997.

** Esoterik kommt von griechisch esos, was ‚innen‘, ‚innerlich‘ bedeutet‘. Es geht um innerlich Erfahrenes. Das ist immer etwas sehr Persönliches und Geheimes, das man allenfalls mit wenigen Menschen teilt. Auch das Innere eines Volkes, einer Kultur, einer Religion, eines Kultes sind nicht jedermann so ohne weiteres zugänglich.

*** Vgl. vom Autor Baumgedichte, 2013, S.12-14

**** Das Schloss der goldenen Sonne, Initiationsmärchen, 1997, S. 251

1. Das Mysterium

Ivan Bilibin

Die Nixe im Teich

Es war einmal ein Müller, der führte mit seiner Frau ein vergnügtes Leben. Sie hatten Geld und Gut, und ihr Wohlstand nahm von Jahr zu Jahr noch zu. Aber Unglück kommt über Nacht: wie ihr Reichtum gewachsen war, so schwand er von Jahr zu Jahr wieder hin, und zuletzt konnte der Müller kaum noch die Mühle, in der er saß, sein Eigentum nennen. Er war voll Kummer, und wenn er sich nach der Arbeit des Tages niederlegte, so fand er keine Ruhe, sondern wälzte sich voll Sorgen in seinem Bett.

Eines Morgens stand er schon vor Tagesanbruch auf, ging hinaus ins Freie und dachte, es sollte ihm leichter ums Herz werden. Als er über dem Mühldamm dahinschritt, brach eben der erste Sonnenstrahl hervor, und er hörte in dem Weiher etwas rauschen. Er wendete sich um und erblickte ein schönes Weib, das sich langsam aus dem Wasser erhob. Ihre langen Haare, die sie über den Schultern mit ihren zarten Händen gefasst hatte, flossen an beiden Seiten herab und bedeckten ihren weißen Leib. Er sah wohl, dass es die Nixe des Teichs war, und wusste vor Furcht nicht, ob er davongehen oder stehen bleiben sollte. Aber die Nixe ließ ihre sanfte Stimme hören, nannte ihn beim Namen und fragte, warum er so traurig wäre. Der Müller war anfangs verstummt, als er sie aber so freundlich sprechen hörte, fasste er sich ein Herz und erzählte ihr, dass er sonst in Glück und Reichtum gelebt hätte, aber jetzt so arm wäre, dass er sich nicht zu raten wüsste. »Sei ruhig«, antwortete die Nixe, »ich will dich reicher und glücklicher machen, als du je gewesen bist, nur musst du mir versprechen, dass du mir geben willst, was eben in deinem Hause jung geworden ist.«

»Was kann das anders sein«, dachte der Müller, »als ein junger Hund oder ein junges Kätzchen?« und sagte ihr zu, was sie verlangte. Die Nixe stieg wieder in das Wasser hinab, und er eilte getröstet und gutes Mutes nach seiner Mühle. Noch hatte er sie nicht erreicht, da trat die Magd aus der Haustüre und rief ihm zu, er sollte sich freuen, seine Frau hätte ihm einen kleinen Knaben geboren. Der Müller stand wie vom Blitz gerührt er sah wohl, dass die tückische Nixe das gewusst und ihn betrogen hatte. Mit gesenktem Haupt trat er zu dem Bett seiner Frau, und als sie ihn fragte: »Warum freust du dich nicht über den schönen Knaben?« so erzählte er ihr, was ihm begegnet war, und was für ein Versprechen er der Nixe gegeben hatte. »Was hilft mir Glück und Reichtum«, fügte er hinzu, »wenn ich mein Kind verlieren soll? Aber was kann ich tun?« Auch die Verwandten, die herbeigekommen waren, Glück zu wünschen, wussten keinen Rat.

Indessen kehrte das Glück in das Haus des Müllers wieder ein. Was er unternahm, gelang, es war, als ob Kisten und Kasten von selbst sich füllten und das Geld im Schrank über Nacht sich mehrte. Es dauerte nicht lange, so war sein Reichtum größer als je zuvor. Aber er konnte sich nicht ungestört darüber freuen: die Zusage, die er der Nixe getan hatte, quälte sein Herz. Sooft er an dem Teich vorbeikam, fürchtete er, sie möchte auftauchen und ihn an seine Schuld mahnen. Den Knaben selbst ließ er nicht in die Nähe des Wassers:; »Hüte dich«, sagte er zu ihm, »wenn du das Wasser berührst, so kommt eine Hand heraus, hascht dich und zieht dich hinab.« Doch als Jahr auf Jahr verging und die Nixe sich nicht wieder zeigte, so fing der Müller an sich zu beruhigen.

Der Knabe wuchs zum Jüngling heran und kam bei einem Jäger in die Lehre. Als er ausgelernt hatte und ein tüchtiger Jäger geworden war, nahm ihn der Herr des Dorfes in seine Dienste. In dem Dorf war ein schönes und treues Mädchen, das gefiel dem Jäger, und als sein Herr das bemerkte, schenkte er ihm ein kleines Haus; die beiden hielten Hochzeit, lebten ruhig und glücklich und liebten sich von Herzen.

Einstmals verfolgte der Jäger ein Reh. Als das Tier aus dem Wald in das freie Feld ausbog, setzte er ihm nach und streckte es endlich mit einem Schuss nieder. Er bemerkte nicht, dass er sich in der Nähe des gefährlichen Weihers befand, und ging, nachdem er das Tier ausgeweidet hatte, zu dem Wasser, um seine mit Blut befleckten Hände zu waschen. Kaum aber hatte er sie hineingetaucht, als die Nixe emporstieg, lachend mit ihren nassen Armen ihn umschlang und so schnell hinabzog, dass die Wellen über ihm zusammenschlugen. Als es Abend war und der Jäger nicht nach Haus kam, so geriet seine Frau in Angst. Sie ging aus, ihn zu suchen, und da er ihr oft erzählt hatte, dass er sich vor den Nachstellungen der Nixe in acht nehmen musste und nicht in der Nähe des Weihers sich wagen dürfte, so ahnte sie schon, was geschehen war. Sie eilte zu dem Wasser, und als sie am Ufer seine Jägertasche liegen fand, da konnte sie nicht länger an dem Unglück zweifeln. Wehklagend und händeringend rief sie ihren Liebsten mit Namen, aber vergeblich: sie eilte hinüber auf die andere Seite des Weihers, und rief ihn aufs Neue; sie schalt die Nixe mit harten Worten, aber keine

Antwort erfolgte. Der Spiegel des Wassers blieb ruhig, nur das halbe Gesicht des Mondes blickte unbeweglich zu ihr herauf.

Die arme Frau verließ den Teich nicht. Mit schnellen Schritten, ohne Rast und Ruhe, umkreiste sie ihn immer von neuem, manchmal still, manchmal einen heftigen Schrei ausstoßend, manchmal in leisem Wimmern. Endlich waren ihre Kräfte zu Ende: sie sank zur Erde nieder und verfiel in einen tiefen Schlaf. Bald überkam sie ein Traum. Sie stieg zwischen großen Felsblöcken angstvoll aufwärts; Dornen und Ranken hakten sich an ihre Füße, der Regen schlug ihr ins Gesicht und der Wind zauste ihr langes Haar. Als sie die Anhöhe erreicht hatte, bot sich ein ganz anderer Anblick dar. Der Himmel war blau, die Luft mild, der Boden senkte sich sanft hinab und auf einer grünen, bunt beblümten Wiese stand eine reinliche Hütte. Sie ging darauf zu und öffnete die Türe, da saß eine Alte mit weißen Haaren, die ihr freundlich winkte.

In dem Augenblick erwachte die arme Frau. Der Tag war schon angebrochen, und sie entschloss sich gleich, dem Traum Folge zu leisten. Sie stieg mühsam den Berg hinauf, und es war alles so, wie sie es in der Nacht gesehen hatte. Die Alte empfing sie freundlich und zeigte ihr einen Stuhl, auf den sie sich setzen sollte. »Du musst ein Unglück erlebt haben«, sagte sie, »weil du meine einsame Hütte aufsuchst.« Die Frau erzählte ihr unter Tränen, was ihr begegnet war. »Tröste dich«, sagte die Alte, »ich will dir helfen: da hast du einen goldenen Kamm. Harre, bis der Vollmond aufgestiegen ist, dann geh zu dem Weiher, setze dich am Rand nieder und strähle dein langes schwarzes Haar mit diesem Kamm. Wenn du aber fertig bist, so lege ihn am Ufer nieder, und du wirst sehen, was geschieht.«

Die Frau kehrte zurück, aber die Zeit bis zum Vollmond verstrich ihr langsam. Endlich erschien die leuchtende Scheibe am Himmel, da ging sie hinaus an den Weiher, setzte sich nieder und kämmte ihre langen schwarzen Haare mit dem goldenen Kamm, und als sie fertig war, legte sie ihn an den Rand des Wassers nieder. Nicht lange, so brauste es aus der Tiefe, eine Welle erhob sich, rollte an das Ufer und führte den Kamm mit sich fort. Es dauerte nicht länger, als der Kamm nötig hatte, auf den Grund zu sinken, so teilte sich der Wasserspiegel, und der Kopf des Jägers stieg in die Höhe. Er sprach nicht, schaute aber seine Frau mit traurigen Blicken an. In demselben Augenblick kam eine zweite Welle herangerauscht und bedeckte das Haupt des Mannes.

Alles war verschwunden, der Weiher lag so ruhig wie zuvor, und nur das Gesicht des Vollmondes glänzte darauf.

Trostlos kehrte die Frau zurück, doch der Traum zeigte ihr die Hütte der Alten. Abermals machte sie sich am nächsten Morgen auf den Weg und klagte der weisen Frau ihr Leid. Die Alte gab ihr eine goldene Flöte und sprach: »Harre, bis der Vollmond wiederkommt, dann nimm diese Flöte, setze dich an das Ufer, blas ein schönes Lied darauf, und wenn du damit fertig bist, so lege sie auf den Sand; du wirst sehen, was geschieht.« Die Frau tat, wie die Alte gesagt hatte. Kaum lag die Flöte auf dem Sand, so brauste es aus der Tiefe: eine Welle erhob sich, zog heran, und führte die Flöte mit sich fort. Bald darauf teilte sich das Wasser, und nicht bloß der Kopf, auch der Mann bis zur Hälfte des Leibes stieg hervor. Er breitete voll Verlangen seine Arme nach ihr aus, aber eine zweite Welle rauschte heran, bedeckte ihn und zog ihn wieder hinab.

»Ach, was hilft es mir«, sagte die Unglückliche, »dass ich meinen Liebsten nur erblicken um ihn wieder zu verlieren.« Der Gram erfüllte aufs Neue ihr Herz, aber der Traum führte sie zum dritten Mal in das Haus der Alten. Sie machte sich auf den Weg, und die weise Frau gab ihr ein goldenes Spinnrad, tröstete sie und sprach: »Es ist noch nicht alles vollbracht, harre bis der Vollmond kommt, dann nimm das Spinnrad, setze dich ans Ufer und spinn die Spule voll, und wenn du fertig bist, so stelle das Spinnrad nahe an das Wasser, und du wirst sehen, was geschieht.« Die Frau befolgte alles genau. Sobald der Vollmond sich zeigte, trug sie das goldene Spinnrad an das Ufer und spann emsig, bis der Flachs zu Ende und die Spule mit dem Faden ganz angefüllt war. Kaum aber stand das Rad am Ufer, so brauste es noch heftiger als sonst in der Tiefe des Wassers, eine mächtige Welle eilte herbei und trug das Rad mich sich fort.

Alsbald stieg mit einem Wasserstrahl der Kopf und der ganze Leib des Mannes in die Höhe. Schnell sprang er ans Ufer, fasste seine Frau an der Hand und entfloh. Aber kaum hatten sie sich eine kleine Strecke entfernt, so erhob sich mit entsetzlichem Brausen der ganze Weiher und strömte mit reißender Gewalt in das weite Feld hinein. Schon sahen die Fliehenden ihren Tod vor Augen, da rief die Frau in ihrer Angst die Hilfe der Alten an, und in dem Augenblick waren sie verwandelt, sie in eine Kröte, er in einen Frosch. Die Flut, die sie erreicht hatte, konnte sie nicht töten, aber sie riss sie beide voneinander und führte sie weit weg.

Als das Wasser sich verlaufen hatte und beide wieder den trocknen Boden berührten, so kam ihre menschliche Gestalt zurück. Aber keiner wusste, wo das andere geblieben war; sie befanden sich unter fremden Menschen, die ihre Heimat nicht kannten. Hohe Berge und tiefe Täler lagen zwischen ihnen. Um sich das Leben zu erhalten, mussten beide die Schafe hüten. Sie trieben lange Jahre ihre Herden durch Feld und Wald und waren voll Trauer und Sehnsucht.

Als wieder einmal der Frühling aus der Erde hervorgebrochen war, zogen beide an einem Tag mit ihren Herden aus, und der Zufall wollte, dass sie einander entgegenzogen. Er erblickte an einem fernen Bergesabhang eine Herde und trieb seine Schafe nach der Gegend hin. Sie kamen in einem Tal zusammen, aber sie erkannten sich nicht, doch freuten sie sich, dass sie nicht mehr so einsam waren. Von nun an trieben sie jeden Tag ihre Herde nebeneinander: sie sprachen nicht viel, aber sie fühlten sich getröstet.

Eines Abends, als der Vollmond am Himmel schien und die Schafe schon ruhten, holte der Schäfer die Flöte aus seiner Tasche und blies ein schönes, aber trauriges Lied. Als er fertig war, bemerkte er, dass die Schäferin bitterlich weinte. »Warum weinst du?« fragte er. »Ach«, antwortete sie, »so schien auch der Vollmond, als ich zum letzten Mal dieses Lied auf der Flöte blies und das Haupt meines Liebsten aus dem Wasser hervorkam.« Er sah sie an, und es war ihm, als fiele eine Decke von den Augen, er erkannte seine liebste Frau: und als sie ihn anschaute und der Mond auf sein Gesicht schien, erkannte sie ihn auch. Sie umarmten und küssten sich, und ob sie glückselig waren, braucht keiner zu fragen.

Märchen der Brüder Grimm

Initium, lateinisch, ist der Anfang, der Beginn. Die *Initialen* sind die kunstvollen Anfangsbuchstaben einer Geschichte. Durch die *Initialzündung* einer kleineren Explosion wird eine größere ausgelöst. Die *Initiaton* ist die Einweihung in eine neue Lebenswirklichkeit, bei Jugendlichen in die Welt der Erwachsenen, bei spirituell Suchenden in einen neuen Stand, z.B. eines Schamanen, eines Wissenden, eines Magiers etc. In den Schulen und Tradition ist sie das Ende einer Vorbereitungs- und Prüfungszeit, der mit einem Ritus begangen wird. Im Alltag ist sie aber das Ergebnis einer Begegnung , eines Erlebnisses, das einen tiefgreifend verändert und der Beginn eines neuen Weges. In den Märchen erscheint sie fast durchgängig als Prüfungsweg. Schon im Eingangsmärchen war die Zweiteilung deutlich zu erkennen. Nach dem Finden und der Ersteigung des himmelhohen Baumes ist das Leben ein anderes, das alte Leben ist nicht mehr und es beginnt ein neuer Weg. Auch in dieser zweiten Geschichte steht ein Mysterium am Anfang.

Es ist eine Begegnung mit einem Wasserwesen. Der verarmte Müller begegnet einer Nixe, einem Wesen, das Schönheit und Anziehung, Versuchung und Untergang verkörpert. Sie vereint die Weiblichkeit und das Wasserelement, kann an- und kann niederziehen. Es geht nicht darum, ob wir, wie bei den alten Naturvölkern, Naturgeister für real halten. Es geht darum, ob wir in der Lage sind, dem Wunder zu begegnen. Das Wunder ist in jedem Wasser, in jeder Frau, in jedem Wesen. Aber ob man es sieht und ihm begegnet ist ein Anderes.

In seiner Armut, in seinem verlorenen Reichtum begegnet der Müller eines Tages dem Unglaublichen. Das ist die Voraussetzung, dass sich in seinem Leben etwas grundlegend ändern kann und *ein Weg* beschritten wird.

Wie in den spirituellen Traditionen steht die Begegnung und der Weg im Vordergrund, aber ohne die Liebe ist fast keine Geschichte. Das Märchen hat den Vorteil, dass es ungehindert von der Liebe zwischen Mann und Frau sprechen darf. Die spirituellen Traditionen gehen dem von vorneherein aus dem Weg und lehren die Liebe gegenüber allen Menschen oder allen Wesen als Grundhaltung. Beides hat seine Berechtigung, aber das Leitmotiv der allermeisten Menschen ist das erste.

Entscheidend ist in dieser Geschichte, dass eine klare Vereinbarung getroffen wird. Wenn wir dem Mysterium in unserem Leben in irgendeiner Art und Weise begegnen, muss die Klarheit dazukommen. Oft bedeutet das eine bewusste Entscheidung.

Verheißung, Berufung, Begegnung, Gabe: alles ist auch Aufgabe und hat mitunter einen sehr hohen Preis. Das Neue muss bewusst ergriffen werden, sonst ist es nicht lebbar. Oft ist es besser, wir wissen diesen Preis am Anfang nicht, wie auch in dieser Geschichte. Sonst würde nichts erreicht.

Im Schamanismus gab und gibt es immer ein ganz klares Empfinden für Geben und Nehmen. Wer immer etwas von den Geistern und Wesen empfängt, wird ihnen auch etwas geben. Und wer immer gibt, wird auch etwas empfangen (vgl. Mt 7/7). Sind Geben und Nehmen nicht in der Balance, drohen dem Menschen Gefahren.

Auch in dieser Geschichte geht der Weg in die Höhe. Im Traum wird die Frau durch einen mühevollen Aufstieg auf eine Anhöhe geführt, wo sie eine ganz andere Welt vorfindet: eine blumenreiche Wiese, eine saubere Hütte, bewohnt von einer weisen Alten, die ihr ein freundliches Zeichen gibt. Dieser Traumvision folgt sie und tut gut daran. Schamanisch gesprochen wäre das ein Gang und ein Blick in die ‚Oberwelt'. Christlich formuliert wäre es der ‚Himmel', eine Gipfelerfahrung wie etwa die Verklärungsgeschichte Mt 17. Dort bekommt man Weisung und Rat, erfährt Güte und Freundlichkeit. Die Frau bekommt Trost und Weisung und goldene' Dinge, quasi magische Gegenstände, mit denen sie ihr Ziel erreichen kann.

Wie die erste Geschichte vom Wesen des Baumes und des Berges lebt, so diese vom Element des Wassers. Seine Gefahr, sein Geheimnis, sein Naturgeist bedroht die Liebenden. Seine Strudel können in die Tiefe reißen, seine Wellen einen davontragen und alles überschwemmen. Nicht zufällig steht das Wasser auch für die Emotion. So wichtig und willkommen uns Gefühle sind, so sehr sind sie auch zu begrenzen, wen man nicht von ihnen fortgerissen werden will. Um dies zu bestehen, braucht man in der Regel Hilfe.

In ihrer höchsten Not ruft sie später noch einmal die Alte an – und ihr wird geholfen. Dies ist eines der ältesten Geheimnisse, die man manchmal erfahren kann: ‚Bittet, so wird euch gegeben. Suchet, so werdet ihr finden. Klopft an und es wird euch aufgetan' (Mt 7/7).

Den beiden wird geholfen, aber es ist noch nicht alles vollbracht. Noch einmal verlieren sich die Liebenden. Es braucht noch einen langen Weg und einen glücklichen Zufall, dass sie sich wieder finden.

2. Mut und Versuchung

Otto Ubbelohde

Der gläserne Sarg

Sage niemand, dass ein armer Schneider es nicht weit bringen und nicht zu hohen Ehren gelangen könne, es ist weiter gar nichts nötig, als dass er an die rechte Schmiede kommt und, was die Hauptsache ist, dass es ihm glückt. Ein solches artiges und behendes Schneiderbürschchen ging einmal seiner Wanderschaft nach und kam in einen großen Wald, und weil es den Weg nicht wusste, verirrte es sich. Die Nacht brach ein, und es blieb ihm nichts übrig, als in dieser schauerlichen Einsamkeit ein Lager zu suchen. Auf dem weichen Moose hätte er freilich ein gutes Bett gefunden, allein die Furcht vor den wilden Tieren ließ ihm da keine Ruhe, und er musste sich endlich entschließen, auf einem Baume zu übernachten. Er suchte eine hohe Eiche, stieg bis in den Gipfel hinauf und dankte Gott, dass er sein Bügeleisen bei sich trug, weil ihn sonst der Wind, der über die Gipfel der Bäume wehete, weggeführt hätte.

Nachdem er einige Stunden in der Finsternis, nicht ohne Zittern und Zagen, zugebracht hatte, erblickte er in geringer Entfernung den Schein eines Lichtes; und weil er dachte, dass da eine menschliche Wohnung sein möchte, wo er sich besser befinden würde als auf den Ästen eines Baums, so stieg er vorsichtig herab und ging dem Lichte nach. Es leitete ihn zu einem kleinen Häuschen, das aus Rohr und Binsen geflochten war. Er klopfte mutig an, die Türe öffnete sich, und bei dem Scheine des herausfallenden Lichtes sah er ein altes eisgraues Männchen, das ein von buntfarbigen Lappen zusammengesetztes Kleid anhatte. 'Wer seid Ihr, und was wollt Ihr?' fragte es mit einer schnarrenden Stimme. 'Ich bin ein armer Schneider,' antwortete er, 'den die Nacht hier in der Wildnis überfallen hat, und bitte Euch inständig, mich bis morgen in Eurer Hütte aufzunehmen.' 'Geh deiner Wege,' erwiderte der Alte mit mürrischem Tone, 'mit Landstreichern will ich nichts zu schaffen haben; suche dir anderwärts ein Unterkommen.' Nach diesen Worten wollte er wieder in sein Haus schlüpfen, aber der Schneider hielt ihn am Rockzipfel fest und bat so beweglich, dass der Alte, der so böse nicht war, als er sich anstellte, endlich erweicht ward und ihn mit in seine Hütte nahm, wo er ihm zu essen gab und dann in einem Winkel ein ganz gutes Nachtlager anwies.

Der müde Schneider brauchte keines Einwiegens, sondern schlief sanft bis an den Morgen, würde auch noch nicht an das Aufstehen gedacht haben, wenn er nicht von einem lauten Lärm wäre aufgeschreckt worden. Ein heftiges Schreien und Brüllen drang durch die dünnen Wände des Hauses. Der Schneider, den ein unerwarteter Mut überkam, sprang auf, zog in der Hast seine Kleider an und eilte hinaus. Da erblickte er nahe bei dem Häuschen einen großen schwarzen Stier und einen schönen Hirsch, die in dem heftigsten Kampfe begriffen waren. Sie gingen mit so großer Wut aufeinander los, dass von ihrem Getrampel der Boden erzitterte, und die Luft von ihrem Geschrei erdröhnte. Es war lange ungewiss, welcher von beiden den Sieg davontragen würde: endlich stieß der Hirsch seinem Gegner das Geweih in den Leib, worauf der Stier mit entsetzlichem Brüllen zur Erde sank, und durch einige Schläge des Hirsches völlig getötet ward.

Der Schneider, welcher dem Kampfe mit Erstaunen zugesehen hatte, stand noch unbeweglich da, als der Hirsch in vollen Sprüngen auf ihn zueilte und ihn, ehe er entfliehen konnte, mit seinem großen Geweihe geradezu aufgabelte. Er konnte sich nicht lange besinnen, denn es ging schnellen Laufes fort über Stock und Stein, Berg und Tal, Wiese und Wald. Er hielt sich mit beiden Händen an den Enden des Geweihes fest und überließ sich seinem Schicksal. Es kam ihm aber nicht anders vor, als flöge er davon. Endlich hielt der Hirsch vor einer Felsenwand still und ließ den Schneider sanft herabfallen. Der Schneider, mehr tot als lebendig, bedurfte längerer Zeit, um wieder zur Besinnung zu kommen. Als er sich einigermaßen erholt hatte, stieß der Hirsch, der neben ihm stehen geblieben war, sein Geweih mit solcher Gewalt gegen eine in dem Felsen befindliche Türe, dass sie aufsprang. Feuerflammen schlugen heraus, auf welche ein großer Dampf folgte, der den Hirsch seinen Augen entzog. Der Schneider wusste nicht, was er tun und wohin er sich wenden sollte, um aus dieser Einöde wieder unter Menschen zu gelangen. Indem er also unschlüssig stand, tönte eine Stimme aus dem Felsen, die ihm zurief 'tritt ohne Furcht herein, dir soll kein Leid widerfahren.' Er zauderte zwar, doch, von einer heimlichen Gewalt angetrieben, gehorchte er der Stimme und gelangte durch die eiserne Tür in einen großen geräumigen Saal, dessen Decke, Wände und Boden aus glänzend geschliffenen Quadratsteinen bestanden, auf deren jedem ihm unbekannte Zeichen eingehauen waren. Er betrachtete alles voll Bewunderung und war eben im Begriff, wieder hinauszugehen, als er abermals die Stimme vernahm, welche ihm sagte 'tritt auf den Stein, der in der Mitte des Saales liegt, und dein wartet großes Glück.'

Sein Mut war schon so weit gewachsen, dass er dem Befehle Folge leistete. Der Stein begann unter seinen Füssen nachzugeben und sank langsam in die Tiefe hinab. Als er wieder feststand und der Schneider sich umsah, befand er sich in einem Saale, der an Umfang dem vorigen gleich war. Hier aber gab es mehr zu betrachten und zu bewundern. In die Wände waren Vertiefungen eingehauen, in welchen Gefäße von durchsichtigem Glase standen, die mit farbigem Spiritus oder mit einem bläulichen Rauche angefüllt waren. Auf dem Boden des Saales standen, einander gegenüber, zwei große gläserne Kasten, die sogleich seine Neugierde reizten. Indem er zu dem einen trat, erblickte er darin ein schönes Gebäude, einem Schlosse ähnlich, von Wirtschaftsgebäuden, Ställen und Scheuern und einer Menge anderer artigen Sachen umgeben. Alles war klein, aber überaus sorgfältig und zierlich gearbeitet, und schien von einer kunstreichen Hand mit der höchsten Genauigkeit ausgeschnitzt zu sein.

Er würde seine Augen von der Betrachtung dieser Seltenheiten noch nicht abgewendet haben, wenn sich nicht die Stimme abermals hätte hören lassen. Sie forderte ihn auf, sich umzukehren und den gegenüberstehenden Glaskasten zu beschauen. Wie stieg seine Verwunderung, als er darin ein Mädchen von größter Schönheit erblickte. Es lag wie im Schlafe, und war in lange blonde Haare wie in einen kostbaren Mantel eingehüllt. Die Augen waren fest geschlossen, doch die lebhafte Gesichtsfarbe und ein Band, das der Atem hin und her bewegte, ließen keinen Zweifel an ihrem Leben. Der Schneider betrachtete die Schöne mit klopfendem Herzen, als sie plötzlich die Augen aufschlug und bei seinem Anblick in freudigem Schrecken zusammenfuhr. 'Gerechter Himmel,' rief sie, 'meine Befreiung naht! geschwind, geschwind, hilf mir aus meinem Gefängnis: wenn du den Riegel an diesem gläsernen Sarg wegschiebst, so bin ich erlöst.' Der Schneider gehorchte ohne Zaudern, alsbald hob sie den Glasdeckel in die Höhe, stieg heraus und eilte in die Ecke des Saals, wo sie sich in einen weiten Mantel verhüllte. Dann setzte sie sich auf einen Stein nieder, hieß den jungen Mann herangehen, und nachdem sie einen freundlichen Kuss auf seinen Mund gedrückt hatte, sprach sie 'mein lang ersehnter Befreier, der gütige Himmel hat mich zu dir geführt und meinen Leiden ein Ziel gesetzt. An demselben Tage, wo sie endigen, soll dein Glück beginnen. Du bist der vom Himmel bestimmte Gemahl, und sollst, von mir geliebt und mit allen irdischen Gütern überhäuft, in ungestörter Freud dein Leben zubringen. Sitz nieder und höre die Erzählung meines Schicksals.

Ich bin die Tochter eines reichen Grafen. Meine Eltern starben, als ich noch in zarter Jugend war, und empfahlen mich in ihrem letzten Willen meinem älteren Bruder, bei dem ich auferzogen wurde. Wir liebten uns so zärtlich und waren so übereinstimmend in unserer Denkungsart und unsern Neigungen, dass wir beide den Entschluss fassten, uns niemals zu verheiraten, sondern bis an das Ende unseres Lebens beisammen zu bleiben. In unserm Hause war an Gesellschaft nie Mangel: Nachbarn und Freunde besuchten uns häufig, und wir übten gegen alle die Gastfreundschaft in vollem Masse. So geschah es auch eines Abends, dass ein Fremder in unser Schloss geritten kam und unter dem Vorgeben, den nächsten Ort nicht mehr erreichen zu können, um ein Nachtlager bat. Wir gewährten seine Bitte mit zuvorkommender Höflichkeit, und er unterhielt uns während des Abendessens mit seinem Gespräche und eingemischten Erzählungen auf das anmutigste. Mein Bruder hatte ein so großes Wohlgefallen an ihm, dass er ihn bat, ein paar Tage bei uns zu verweilen, wozu er nach einigem Weigern einwilligte. Wir standen erst spät in der Nacht vom Tische auf, dem Fremden wurde ein Zimmer angewiesen, und ich eilte, ermüdet, wie ich war, meine Glieder in die weichen Federn zu senken. Kaum war ich ein wenig eingeschlummert, so weckten mich die Töne einer zarten und lieblichen Musik. Da ich nicht begreifen konnte, woher sie kamen, so wollte ich mein im Nebenzimmer schlafendes Kammermädchen rufen, allein zu meinem Erstaunen fand ich, dass mir, als lastete ein

Alp auf meiner Brust, von einer unbekannten Gewalt die Sprache benommen und ich unvermögend war, den geringsten Laut von mir zu geben. Indem sah ich bei dem Schein der Nachtlampe den Fremden in mein durch zwei Türen fest verschlossenes Zimmer eintreten. Er näherte sich mir und sagte, dass er durch Zauberkräfte, die ihm zu Gebote ständen, die liebliche Musik habe ertönen lassen, um mich aufzuwecken, und dringe jetzt selbst durch alle Schlösser in der Absicht, mir Herz und Hand anzubieten. Mein Widerwille aber gegen seine Zauberkünste war so groß, dass ich ihn keiner Antwort würdigte. Er blieb eine Zeitlang unbeweglich stehen, wahrscheinlich in der Absicht, einen günstigen Entschluss zu erwarten, als ich aber fortfuhr zu schweigen, erklärte er zornig, dass er sich rächen und Mittel finden werde, meinen Hochmut zu bestrafen, worauf er das Zimmer wieder verließ. Ich brachte die Nacht in höchster Unruhe zu und schlummerte erst gegen Morgen ein. Als ich erwacht war, eilte ich zu meinem Bruder, um ihn von dem, was vorgefallen war, zu benachrichtigen, allein ich fand ihn nicht auf seinem Zimmer, und der Bediente sagte mir, dass er bei anbrechendem Tage mit dem Fremden auf die Jagd geritten sei.

Mir ahnete gleich nichts Gutes. Ich kleidete mich schnell an, ließ meinen Leibzelter satteln und ritt, nur von einem Diener begleitet, in vollem Jagen nach dem Walde. Der Diener stürzte mit dem Pferde und konnte mir, da das Pferd den Fuß gebrochen hatte, nicht folgen. Ich setzte, ohne mich aufzuhalten, meinen Weg fort, und in wenigen Minuten sah ich den Fremden mit einem schönen Hirsch, den er an der Leine führte, auf mich zukommen. Ich fragte ihn, wo er meinen Bruder gelassen habe und wie er zu diesem Hirsche gelangt sei, aus dessen großen Augen ich Tränen fließen sah. Anstatt mir zu antworten, fing er an laut aufzulachen. Ich geriet darüber in höchsten Zorn, zog eine Pistole und drückte sie gegen das Ungeheuer ab, aber die Kugel prallte von seiner Brust zurück und fuhr in den Kopf meines Pferdes. Ich stürzte zur Erde, und der Fremde murmelte einige Worte, die mir das Bewusstsein raubten.

Als ich wieder zur Besinnung kam, fand ich mich in dieser unterirdischen Gruft in einem gläsernen Sarge. Der Schwarzkünstler erschien nochmals, sagte, dass er meinen Bruder in einen Hirsch verwandelt, mein Schloss mit allem Zubehör verkleinert in den andern Glaskasten eingeschlossen und meine in Rauch verwandelten Leute in Glasflaschen gebannt hätte. Wolle ich mich jetzt seinem Wunsche fügen, so sei ihm ein leichtes, alles wieder in den vorigen Stand zu setzen: er brauche nur die Gefäße zu öffnen, so werde alles wieder in die natürliche Gestalt zurückkehren. Ich antwortete ihm so wenig als das erste Mal. Er verschwand und ließ mich in meinem Gefängnisse liegen, in welchem mich ein tiefer Schlaf befiel. Unter den Bildern, welche an meiner Seele vorübergingen, war auch das tröstliche, dass ein junger Mann kam und mich befreite, und als ich heute die Augen öffne, so erblicke ich dich und sehe meinen Traum erfüllt. Hilf mir vollbringen, was in jenem Gesichte noch weiter geschah. Das erste ist, dass wir den Glaskasten, in welchem mein Schloss sich befindet, auf jenen breiten Stein heben.'

er Stein, sobald er beschwert war, hob sich mit dem Fräulein und dem Jüngling in die Höhe und stieg durch die Öffnung der Decke in den obern Saal, wo sie dann leicht ins Freie gelangen konnten. Hier öffnete das Fräulein den Deckel, und es war wunderbar anzusehen, wie Schloss, Häuser und Gehöfte sich ausdehnten und in größter Schnelligkeit zu natürlicher Größe heranwuchsen. Sie kehrten darauf in die unterirdische Höhle zurück und ließen die mit Rauch gefüllten Gläser von dem Steine herauftragen. Kaum hatte das Fräulein die Flaschen geöffnet, so drang der blaue Rauch heraus und verwandelte sich in lebendige Menschen, in welchen das Fräulein ihre Diener und Leute erkannte. Ihre

Freude ward noch vermehrt, als ihr Bruder, der den Zauberer in dem Stier getötet hatte, in menschlicher Gestalt aus dem Walde herankam, und noch denselben Tag reichte das Fräulein, ihrem Versprechen gemäß, dem glücklichen Schneider die Hand am Altare.

Märchen der Brüder Grimm

Wie Verzagtheit, Zaudern, Trägheit und Unlust uns von den Wurzeln des Lebens abschneiden, so sind es Mut und Beherztheit, die uns mit den Kräften des Lebens verbinden. So kann das Leben sich uns zeigen und uns dienen. Davon handelt dieses liebevoll entwickelte Märchen. Der unfreiwillige Held ist keine Lichtgestalt, er ist nur ein aufgeweckter und ‚behender' Schneider. Aber dies genügt, um Großes zu erreichen.

Der arme Schneider ist auf Wanderschaft und muss im Wald nächtigen. Eine Begebenheit, über die der Leser leicht hinweggeht. Sobald man sich klarmacht, was das bedeutet, eine Nacht im Wald zu verbringen, weiß man, warum das bei den alten Völkern zu den Initiationsproben gehörte. Es muss nicht unbedingt der Wald sein: auch eine Nacht im Freien ohne schützendes Zelt ist bereits eine Erfahrung, die man wahrscheinlich anschließend nicht mehr missen möchte. Wer in unseren heutigen Wäldern nächtigt, ist wahrscheinlich sicherer als in so mancher Großstadt und kann, vielleicht in Begleitung eines anderen Menschen, die Furcht überwinden und Unvergleichliches erleben, insbesondere wenn der Morgen dämmert.

Seine zweite Station ist das ‚kleine Häuschen', das er erblickt. Er findet darin einen mürrischen Alten. Er beweist auch hier Mut und Beharrlichkeit und erreicht, dass er dort nächtigen darf. Auch dies ist keineswegs leicht und hat durchaus neutestamentliche Dimensionen (s. Lk 11/5-10). So mancher Mensch, der uns erst mal etwas Widerstand gibt, kann gewonnen werden, wenn wir Geduld und Freundlichkeit beweisen. Auch dies gehört zu den alltäglichen Geheimnissen, die nicht gering einzuschätzen sind.

So nehmen die Ereignisse ihren Lauf. Die Begegnung mit den beiden Tieren bringt ihn auf eine seltsame Reise. Der Hirsch trägt ihn bis an einen Berg, wo die Tochter des Grafen auf Erlösung wartet. Auch darin sind wohl alte ekstatische (schamanische) Erfahrungen leise aufbewahrt. Es ist erstaunlich, dass wenn man sich einmal auf etwas wirklich einlässt, man fast narrensicher auf die ungelösten Dinge trifft, und an die Orte kommt, wo, wie der Volksmund sagt, ‚der Hund begraben liegt'.

In den ersten beiden Märchen folgte auf die wunderbare Begegnung ein Weg in die Höhe und in die Weite. Hier geht es in den Fels, in den der Mensch eigentlich nicht gelangen kann. Wie viele Reichtümer und Geheimnisse ein Berg haben kann, wissen wir. Und so ist er der Ort, wo das weitere Geschehen sich abspielt.

Der Weg führt schnell in die Tiefe. Die sog. ‚Unterwelt' ist traditionell die Welt der Toten. Sie ist aber auch die Welt, die fast keine Lebensmöglichkeiten mehr bietet, wo nur noch Geister und Dämonen hausen – und die Toten eine Art von

Restexistenz führen. Man hält dies heutzutage für Humbug und hält sich lieber an den religiösen Dualismus von Himmel und Hölle oder an das Nichtwissen heutiger Naturwissenschaft. Ob die alten Bilder nicht doch etwas zutreffender sind als all die späteren Vorstellungen lassen wir hier einmal dahingestellt sein.

Der Schneider besteht nun seine letzte Prüfung, indem er ‚ohne Zaudern' den zweiten Sarg öffnet. Die ist nicht mehr schwer, auch alles weitere geschieht fast wie von selbst. Das Mädchen kann befreit werden mitsamt ihrem Bruder und Gefolge und der kleine Schneider und das Mädchen finden ihr gemeinsames Glück. Das ist ein wesentliches Motiv in vielen Märchen: wenn man das Rechte zur gegebenen Zeit einfach und ohne Zögern tut, öffnen sich ungeahnte Möglichkeiten. Dies ist eine der tiefsten Wahrheiten, die nicht immer so leicht zu verwirklichen sind, wie es vielleicht scheint.

Der zweite Erzählfaden in der Geschichte handelt von Verliebtheit und Missbrauch. Ein unglücklich Verliebter hatte sich der Magie bedient, um seine Ziele zu erreichen. Wir erfahren von einem ‚Schwarzkünstler', der ein schönes Mädchen mit aller Gewalt haben wollte. Hier erscheint die Liebe in der Gestalt der urmächtigen Versuchung. Die Verliebtheit ist eine der größten Glückserfahrungen, aber auch eines der wesentlichen Motive, die Menschen auf Abwege führen kann. All die hohen Gaben, die die Menschheit im Lauf ihrer langen Geschichte erworben hat, können auch missbraucht werden – und sie werden missbraucht – bis in unsere Gegenwart.

Das Mädchen ist in einen gläsernen Sarg in die Unterwelt gebannt. ‚Glas' bedeutet etymologisch glänzend, schimmernd. Sie ist nicht verloren, sondern hell aufbewahrt. Aber sie braucht Hilfe. Es ist Magiern und machtvollen Menschen leider tatsächlich möglich, die Seele eines Menschen in irgendeiner Art und Weise zu bannen und an sich zu binden. Sie ist dann schon wie tot.

Wer mit psychologischem Hintergrund das Märchen hört, wird nicht nur der hellen und der dunklen Persönlichkeiten des Märchens gewahr. Er wird auch das Helle und das Dunkle in sich selbst wahrnehmen – und es anerkennen. Dass man auch selbst Versuchungen erliegen kann und 'schuldig' wird, gehört zu den Wahrheiten, auf die das Christentum beharrt. Es ist keiner, der den ersten Stein werfen könnte (Joh 8/1ff). Das gilt ganz besonders in der Liebe: ist sie beschädigt, bleibt sie wahrscheinlich beschädigt und muss erlöst werden. Ist sie aufrichtig und gegenseitig, hat man viel gewonnen.

Wir haben es in unserer Kultur und unserer Zeit nicht mehr mit magischen Bannungen zu tun, aber mit ungesunden Abhängigkeiten in Familien, in Beziehungen, im Berufsleben, in finanziellen und materiellen Dingen. Sich hier zu lösen ist immer ein Schritt in die Freiheit und in ein neues Leben. Aber oft braucht es die Hilfe von außen.

3. Tod und Wiedergeburt

Von dem Machandelboom

Das ist nun lange her, wohl an die zweitausend Jahre, da war einmal ein reicher Mann, der hatte eine schöne fromme Frau, und sie hatten sich beide sehr lieb, hatten aber keine Kinder. Sie wünschten sich aber sehr welche, und die Frau betete darum so viel Tag und Nacht; aber sie kriegten und kriegten keine. Vor ihrem Hause war ein Hof, darauf stand ein Machandelbaum. Unter dem stand die Frau einstmals im Winter und schälte sich einen Apfel, und als sie sich den Apfel so schälte, da schnitt sie sich in den Finger, und das Blut fiel in den Schnee. "Ach," sagte die Frau und seufzte so recht tief auf, und sah das Blut vor sich an, und war so recht wehmütig: "Hätte ich doch ein Kind, so rot wie Blut und so weiß wie Schnee." Und als sie das sagte, da wurde ihr so recht fröhlich zumute: Ihr war so recht, als sollte es etwas werden. Dann ging sie nach Hause, und es ging ein Monat hin, da verging der Schnee; und nach zwei Monaten, da wurde alles grün; nach drei Monaten, da kamen die Blumen aus der Erde; und nach vier Monaten, da schossen alle Bäume ins Holz, und die grünen Zweige waren alle miteinander verwachsen. Da sangen die Vöglein, dass der ganze Wald erschallte, und die Blüten fielen von den Bäumen, da war der fünfte Monat vergangen, und sie stand immer unter dem Machandelbaum, der roch so schön. Da sprang ihr das Herz vor Freude, und sie fiel auf die Knie und konnte sich gar nicht lassen. Und als der sechste Monat vorbei war, da wurden die Früchte dick und stark, und sie wurde ganz still. Und im siebenten Monat, da griff sie nach den Machandelbeeren und aß sie so begehrlich; und da wurde sie traurig und krank. Da ging der achte Monat hin, und sie rief ihren Mann und weinte und sagte: "Wenn ich sterbe, so begrabe mich unter dem Machandelbaum." Da wurde sie ganz getrost und freute sich, bis der neunte Monat vorbei war: da kriegte sie ein Kind so weiß wie der Schnee und so rot wie Blut, und als sie das sah, da freute sie sich so, dass sie starb. Da begrub ihr Mann sie unter dem Machandelbaum, und er fing an, so sehr zu weinen; eine Zeitlang dauerte das, dann flossen die Tränen schon sachter, und als er noch etwas geweint hatte, da hörte er auf, und dann nahm er sich wieder eine Frau.

Mit der zweiten Frau hatte er eine Tochter; das Kind aber von der ersten Frau war ein kleiner Sohn, und war so rot wie Blut und so weiß wie Schnee. Wenn die Frau ihre Tochter so ansah, so hatte sie sie sehr lieb; aber dann sah sie den kleinen Jungen an, und das ging ihr so durchs Herz, und es dünkte sie, als stünde er ihr überall im Wege, und sie dachte dann immer, wie sie ihrer Tochter all das Vermögen zuwenden wollte, und der Böse gab es ihr ein, dass sie dem kleinen Jungen ganz gram wurde, und sie stieß ihn aus einer Ecke in die andere, und puffte ihn hier und knuffte ihn dort, so dass das arme Kind immer in Angst war. Wenn er dann aus der Schule kam, so hatte er keinen Platz, wo man ihn in Ruhe gelassen hätte.

Einmal war die Frau in die Kammer hoch gegangen; da kam die kleine Tochter auch herauf und sagte: "Mutter, gib mir einen Apfel." – "Ja, mein Kind," sagte die Frau und gab ihr einen schönen Apfel aus der Kiste; die Kiste aber hatte einen großen schweren Deckel mit einem großen scharfen eisernen Schloss. "Mutter," sagte die kleine Tochter, "soll der Bruder nicht auch einen haben?" Das verdross die Frau, doch sagte sie: "Ja, wenn er aus der Schule kommt." Und als sie ihn vom Fenster aus gewahr wurde, so war das gerade, als ob der Böse in sie gefahren wäre, und sie griff zu und nahm ihrer Tochter den Apfel wieder weg und sagte; "Du sollst ihn nicht eher haben als der Bruder." Da warf sie den Apfel in die Kiste und machte die Kiste zu. Da kam der kleine Junge in die Tür; da gab ihr der Böse ein, dass sie freundlich zu ihm sagte: "Mein Sohn, willst du einen Apfel haben?" und sah ihn so jähzornig an. "Mutter," sagte der kleine Junge, "was siehst du so grässlich aus! Ja, gib mir einen Apfel!" – "Da war ihr, als sollte sie ihm zureden. "Komm mit mir," sagte sie und machte den Deckel auf, "hol dir einen Apfel heraus!" Und als der kleine Junge sich hineinbückte, da riet ihr der Böse; bratsch! Schlug sie den Deckel zu, dass der Kopf flog und unter die roten Äpfel fiel. Da überlief sie die Angst, und sie dachte: "Könnt ich das von mir bringen!" Da ging sie hinunter in ihre Stube zu ihrer Kommode und holte aus der obersten Schublade ein weißes Tuch und setzt den Kopf wieder auf den Hals und band das Halstuch so um, dass man nichts sehen konnte und setzt ihn vor die Türe auf einen Stuhl und gab ihm den Apfel in die Hand.

Darnach kam Marlenchen zu ihrer Mutter in die Küche. Die stand beim Feuer und hatte einen Topf mit heißem Wasser vor sich, den rührte sie immer um. "Mutter," sagte Marlenchen, "der Bruder sitzt vor der Türe und sieht ganz weiß aus und hat einen Apfel in der Hand. Ich hab ihn gebeten, er soll mir den Apfel geben, aber er antwortet mir nicht; das war mir ganz unheimlich." – "Geh noch einmal hin," sagte die Mutter, "und wenn er dir nicht antwortet, dann gib ihm eins hinter die Ohren." Da ging Marlenchen hin und sagte: "Bruder, gib mir den Apfel!" Aber er schwieg still; da gab sie ihm eins hinter die Ohren. Da fiel der Kopf herunter; darüber erschrak sie und fing an zu weinen und zu schreien und lief zu ihrer Mutter und sagte: "Ach, Mutter, ich hab meinem Bruder den Kopf abgeschlagen," und weinte und weinte und wollte sich nicht zufrieden geben. "Marlenchen," sagte die Mutter, "was hast du getan! Aber schweig nur still, dass es kein Mensch merkt; das ist nun doch nicht zu ändern, wir wollen ihn in Sauer kochen." Da nahm die Mutter den kleinen Jungen und hackte ihn in Stücke, tat sie in den Topf und kochte ihn in Sauer. Marlenchen aber stand dabei und weinte und weinte, und die Tränen fielen alle in den Topf, und sie brauchten kein Salz.

Da kam der Vater nach Hause und setzte sich zu Tisch und sagte: "Wo ist denn mein Sohn?" Da trug die Mutter eine große, große Schüssel mit Schwarzsauer auf, und Marlenchen weinte und konnte sich nicht halten. Da sagte der Vater wieder: "Wo ist denn mein Sohn?" – "Ach," sagte die Mutter, "er ist über Land gegangen, zu den Verwandten seiner Mutter; er wollte dort eine Weile bleiben." – "Was tut er denn dort? Er hat mir nicht mal Lebewohl gesagt!" – "Oh, er wollte so gern hin und bat mich, ob er dort wohl sechs Wochen bleiben könnte; er ist ja gut aufgehoben dort." – "Ach," sagte der Mann, "mir ist so recht traurig zumute; das ist doch nicht recht, er hätte mir doch Lebewohl sagen können." Damit fing er an zu essen und sagte: "Marlenchen, warum weinst du? Der Bruder wird schon wiederkommen." –

"Ach Frau," sagte er dann, "was schmeckt mir das Essen schön! Gib mir mehr!" Und je mehr er aß, um so mehr wollte er haben und sagte: "Gebt mir mehr, ihr sollt nichts davon aufheben, das ist, als ob das alles mein wäre." Und er aß und aß, und die Knochen warf er alle unter den Tisch, bis er mit allem fertig war. Marlenchen aber ging hin zu ihrer Kommode und nahm aus der untersten Schublade ihr bestes seidenes Tuch und holte all die Beinchen und Knochen unter dem Tisch hervor und band sie in das seidene Tuch und trug sie vor die Tür und weinte blutige Tränen. Dort legte sie sie unter den Machandelbaum in das grüne Gras, und als sie sie dahin gelegt hatte, da war ihr auf einmal ganz leicht, und sie weinte nicht mehr. Da fing der Machandelbaum an, sich zu bewegen, und die Zweige gingen immer so voneinander und zueinander, so recht, wie wenn sich einer von Herzen freut und die Hände zusammenschlägt. Dabei ging ein Nebel von dem Baum aus, und mitten in dem Nebel, da brannte es wie Feuer, und aus dem Feuer flog so ein schöner Vogel heraus, der sang so herrlich und flog hoch in die Luft, und als er weg war, da war der Machandelbaum wie er vorher gewesen war, und das Tuch mit den Knochen war weg. Marlenchen aber war so recht leicht und vergnügt zumute, so recht, als wenn ihr Bruder noch lebte. Da ging sie wieder ganz lustig nach Hause, setzte sich zu Tisch und aß. Der Vogel aber flog weg und setzte sich auf eines Goldschmieds Haus und fing an zu singen:

"Mein Mutter der mich schlacht,
mein Vater der mich aß,
mein Schwester der Marlenichen
sucht alle meine Benichen,
bindt sie in ein seiden Tuch,
legt's unter den Machandelbaum.
Kiwitt, kiwitt, wat vör'n schöön Vagel bün ik!"

Der Goldschmied saß in seiner Werkstatt und machte eine goldene Kette; da hörte er den Vogel, der auf seinem Dach saß und sang, und das dünkte ihn so schön. Da stand er auf, und als er über die Türschwelle ging, da verlor er einen Pantoffel. Er ging aber so recht mitten auf die Straße hin, mit nur einem Pantoffel und einer Socke; sein Schurzfell hatte er vor, und in der einen Hand hatte er die goldene Kette, und in der anderen die Zange; und die Sonne schien so hell auf die Straße. Da stellte er sich nun hin und sah den Vogel an. "Vogel," sagte er da, "wie schön kannst du singen! Sing mir das Stück noch mal!" – "Nein," sagte der Vogel, "zweimal sing ich nicht umsonst. Gib mir die goldene Kette, so will ich es dir noch einmal singen." – "Da," sagte der Goldschmied, "hast du die goldene Kette; nun sing mir das noch einmal!"

Da kam der Vogel und nahm die goldene Kette in die rechte Kralle, setzte sich vor den Goldschmied hin und sang:

"Mein Mutter der mich schlacht, mein Vater der mich aß,
mein Schwester der Marlenichen, sucht alle meine Benichen,
bindt sie in ein seiden Tuch, legt's unter den Machandelbaum.
Kiwitt, kiwitt, wat vör'n schöön Vagel bün ik!"

Da flog der Vogel fort zu einem Schuster, und setzt sich auf sein Dach und sang:

"Mein Mutter der mich schlacht, mein Vater der mich aß,
mein Schwester der Marlenichen, sucht alle meine Benichen,
bindt sie in ein seiden Tuch, legt's unter den Machandelbaum.
Kiwitt, kiwitt, wat vör'n schöön Vagel bün ik!"

Der Schuster hörte das und lief in Hemdsärmeln vor seine Tür und sah zu seinem Dach hinauf und musste die Hand vor die Augen halten, dass die Sonne ihn nicht blendete. "Vogel," sagte er, "was kannst du schön singen." Da rief er zur Tür hinein: "Frau, komm mal heraus, da ist ein Vogel; sieh doch den Vogel, der kann mal schön singen." Dann rief er noch seine Tochter und die Kinder und die Gesellen, die Lehrjungen und die Mägde, und sie kamen alle auf die Straße und sahen den Vogel an, wie schön er war; und er hatte so schöne rote und grüne Federn, und um den Hals war er wie lauter Gold, und die Augen blickten ihm wie Sterne im Kopf. "Vogel," sagte der Schuster, "nun sing mir das Stück noch einmal!" – "Nein," sagte der Vogel, "zweimal sing ich nicht umsonst, du musst mir etwas schenken." – "Frau," sagte der Mann, "geh auf den Boden, auf dem obersten Wandbrett, da stehen ein paar rote Schuh, die bring mal her!" Da ging die Frau hin und holte die Schuhe. "Da, Vogel," sagte der Mann, "nun sing mir das Lied noch einmal!" Da kam der Vogel und nahm die Schuhe in die linke Kralle und flog wieder auf das Dach und sang:

"Mein Mutter der mich schlacht,
mein Vater der mich aß,
mein Schwester der Marlenichen
sucht alle meine Benichen,
bindt sie in ein seiden Tuch,
legt's unter den Machandelbaum.
Kiwitt, kiwitt, wat vör'n schöön Vagel bün ik!"

Und als er ausgesungen hatte, da flog er weg; die Kette hatte er in der rechten und die Schuhe in der linken Kralle, und er flog weit weg, bis zu einer Mühle, und die Mühle ging: Klippe klappe, klippe klappe, klippe klappe. Und in der Mühle saßen zwanzig Mühlknappen, die klopften einen Stein und hackten: Hick hack, hick hack, hick hack; und die Mühle ging klippe klappe, klippe klappe, klippe klappe. Da setzte sich der Vogel auf einen Lindenbaum, der vor der

Mühle stand und sang: "Mein Mutter der mich schlacht," da hörte einer auf; "mein Vater der mich aß, da hörten noch zwei auf und hörten zu; "mein Schwester der Marlenichen" da hörten wieder vier auf; "sucht alle meine Benichen, bindt sie in ein seiden Tuch," nun hackten nur acht; "legt's unter," nun nur noch fünf; "den Machandelbaum" – nun nur noch einer; "Kiwitt, kiwitt, wat vör'n schöön Vagel bün ik!" Da hörte der letzte auch auf, und er hatte gerade noch den Schluss gehört. "Vogel," sagte er, "was singst du schön!" Lass mich das auch hören, sing mir das noch einmal!" – "Neun," sagte der Vogel, "zweimal sing ich nicht umsonst; gib mir den Mühlenstein, so will ich das noch einmal singen." – "Ja," sagte er, "wenn er mir allein gehörte, so solltest du ihn haben." – "Ja," sagten die anderen, "wenn er noch einmal singt, so soll er ihn haben." Da kam der Vogel heran und die Müller fassten alle zwanzig mit Bäumen an und hoben den Stein auf, "hu uh uhp, hu uh uhp, hu uh uhp!" Da steckte der Vogel den Hals durch das Loch und nahm ihn um wie einen Kragen und flog wieder auf den Baum und sang:

"Mein Mutter der mich schlacht,
mein Vater der mich aß,
mein Schwester der Marlenichen
sucht alle meine Benichen,
bindt sie in ein seiden Tuch,

legt's unter den Machandelbaum.
Kiwitt, kiwitt, wat vör'n schöön Vagel bün ik!"

Und als er das ausgesungen hatte, da tat er die Flügel auseinander und hatte in der echten Kralle die Kette und in der linken die Schuhe und um den Hals den Mühlenstein, und flog weit weg zu seines Vaters Haus.

In der Stube saß der Vater, die Mutter und Marlenchen bei Tisch, und der Vater sagte: "Ach, was wird mir so leicht, mir ist so recht gut zumute." – "Nein," sagte die Mutter, "mir ist so recht Angst, so recht, als wenn ein schweres Gewitter käme." Marlenchen aber saß und weinte und weinte. Da kam der Vogel angeflogen, und als er sich auf das Dach setzte, da sagte der Vater: "Ach, mir ist so recht freudig, und die Sonne scheint so schön, mir ist ganz, als sollte ich einen alten Bekannten wiedersehen!" – "Nein," sagte die Frau, "mir ist Angst, die Zähne klappern mir und mir ist, als hätte ich Feuer in den Adern." Und sie riss sich ihr Kleid auf, um Luft zu kriegen. Aber Marlenchen saß in der Ecke und weinte, und hatte ihre Schürze vor den Augen und weinte die Schürze ganz und gar nass. Da setzte sich der Vogel auf den Machandelbaum und sang: "Meine Mutter die mich schlacht" – Da hielt sich die Mutter die Ohren zu und kniff die Augen zu und wollte nicht sehen und hören, aber es brauste ihr in den Ohren wie der allerstärkste Sturm und die Augen brannten und zuckten ihr wie Blitze. "Mein Vater der mich aß" – "Ach Mutter," sagte der Mann, "da ist ein schöner Vogel, der singt so herrlich und die Sonne scheint so warm, und das riecht wie lauter Zinnamom." (Zimt) "Mein Schwester der Marlenichen" – Da legte Marlenchen den Kopf auf die Knie und weinte in einem fort. Der Mann aber sagte: "Ich gehe hinaus; ich muss den Vogel in der Nähe sehen." – "Ach, geh nicht," sagte die Frau, "mir ist, als bebte das ganze Haus und stünde in Flammen." Aber der Mann ging hinaus und sah sich den Vogel an – "sucht alle meine Benichen, bindt sie in ein seiden Tuch, legt's unter den Machandelbaum. Kiwitt, kiwitt, wat vör'n schöön Vagel bün ik!"

Damit ließ der Vogel die goldene Kette fallen, und sie fiel dem Mann gerade um den Hals, so richtig herum, dass sie ihm ganz wunderschön passte. Da ging er herein und sagte: "Sieh, was ist das für ein schöner Vogel, hat mir eine so schöne goldene Kette geschenkt und sieht so schön aus." Der Frau aber war so Angst, dass sie lang in die Stube hinfiel und ihr die Mütze vom Kopf fiel. Da sang der Vogel wieder: "Mein Mutter der mich schlacht" – "Ach, dass ich tausend Klafter unter der Erde wäre, dass ich das nicht zu hören brauchte!" – "Mein Vater der mich aß" – Da fiel die Frau wie tot nieder. "Mein Schwester der Marlenichen" – "Ach," sagte Marlenchen, "ich will doch auch hinausgehen und sehn, ob mir der Vogel etwas schenkt?" Da ging sie hinaus. "Sucht alle meine Benichen, bindt sie in ein seiden Tuch" – Da warf er ihr die Schuhe herunter. "Legt's unter den Machandelbaum. Kiwitt, kiwitt, wat vör'n schöön Vagel bün ik!"

Da war ihr so leicht und fröhlich. Sie zog sich die neuen roten Schuhe an und tanzte und sprang herein. "Ach," sagte sie, "mir war so traurig, als ich hinausging, und nun ist mir so leicht. Das ist mal ein herrlicher Vogel, hat mir ein Paar rote Schuhe geschenkt!" – "Nein," sagte die Frau und sprang auf, und die Haare standen ihr zu Berg wie Feuerflammen, "mir ist, als sollte die Welt untergehen; ich will auch hinaus, damit mir leichter wird." Und als sie aus der Tür kam, bratsch! Warf ihr der Vogel den Mühlstein auf den Kopf, dass sie ganz zerquetscht wurde. Der Vater und Marlenchen hörten das und gingen hinaus. Da ging ein Dampf und Flammen und Feuer aus von der Stätte, und als das vorbei war, da stand der kleine Bruder da, und er nahm seinen Vater und Marlenchen bei der Hand und waren alle drei so recht vergnügt und gingen ins Haus, setzten sich an den Tisch und aßen.

Märchen der Brüder Grimm

Mit Liebe und vergeblichem Kinderwunsch beginnt dieses Märchen. Die Frau verletzt sich eines Winters beim Apfelschälen und hat beim Anblick der Blutstropfen im Schnee eine spontane Eingebung. Ihr Gefühl ist sicher und sie vertraut der Erhörung ihres Wunsches (vgl. 1. Sam 2ff). Während die ersten drei Märchen einen Erzählstrang von äußeren Begegnungen und Begebenheiten entwickeln, geht es hier sehr um innere Gefühle und Wahrheiten, um Intuitionen und Einreden (‚Einflüsterungen'). Blut und Schnee, Tod und Reinheit, Makaberes und Wunderbares ziehen sich als doppeltes Leitmotiv durch dieses Märchen. Es ist für uns auf der Erzählebene schauerlich, auf der symbolischen und inneren Ebene aber vielleicht umso wahrer.

Es ist eigentlich ‚nur' eine Familiengeschichte. Die alte Mutter stirbt, nachdem sich ihr sehnlichster Wunsch erfüllt hat. Das ist schon das erste Opfer. Sie hätte leben können, wenn sie sich gelöst hätte von ihrem Kinderwunsch. Aber nun hat sie ein tief ersehntes Kind geboren und geht dafür selbst ins Grab. Der Vater heiratet wieder. Die neue Mutter lässt sich leider zu furchtbaren Taten hinreißen, tötet den Jungen der ersten Mutter und gibt ihn dem Vater zur Speise. Der Leser erschauert, zu Recht. Wie auch bei so manchen modernen Mythen und Filmen.

Das Märchen gehört aber weniger in die Abteilung Horror und Kannibalismus, sondern in die von Menschlichkeit und

Mysterien. Die Motivik ist nämlich sehr alt. Schon in dem antiken Nachtigallen- und dem Dionysos-Mythos kommen die wesentlichen Momente dieser Geschichte vor: Eifersucht, Töten und Schlachten, Verwandlung in einen Vogel, zur Speise vorsetzen und das Gericht*. Wie tief diese Bilder auch heute noch wirksam sind, mag man sich daran vergegenwärtigen, dass wir immer noch den Leib Christi essen und sein Blut trinken – sakramental. Das Sakramentum ist das Geheimnis, das Geheimnis der Gabe und der Hingabe, der Liebe und des Todes.

Die Hüter dieser Geschichte sind die beiden Geschwister. Sie lieben sich sehr und sie bewahren das Hohe in dieser Erzählung. Im Hintergrund und als Thema steht aber der Lebensbaum. Der Machandelbaum ist der immergrüne Wacholder, der bei den Germanen ein heiliger Lebensbaum war, Symbol der Fruchtbarkeit, Gesundheit und des ewigen Lebens. Bei uns heute ist er bekannt durch die Würze seiner Beeren, seine Verwendung bei der Räucherung und Schnapsbrennung. Durch seine Würze und Räucherkraft ‚vertreibt er die bösen Geister', die inneren Versuchungen und schlechten Stimmungen. Sein Holz wurde bei den Germanen zur Leichenverbrennung genutzt, der Rauch gegen Seuchen und zur Austreibung von Dämonen**. Er repräsentiert die Lebenskraft, die Reinigung und die Hoffnung auf Erneuerung.

Der getötete und leiblich verzehrte Junge ist nicht tot. Er wurde (auf der Basis seiner Knochen) verwandelt in die Gestalt eines Vogels. Er gehört nun dem Luftelement an, die auch für die Welt des Geistes steht. Er singt seine Geschichte in einer Weise, die alle verzückt. Er erstrahlt auch noch in seiner Verwandlung in ganzer Schönheit. Aber er will und muss doch wieder zurück in seine menschliche Gestalt. Es gelingt ihm, Dinge von den Menschen zu erhalten, die ihm später zur Erlösung verhelfen.

Eine Rückkehr von den Toten ist eigentlich nicht möglich. Es sei denn, man liest es als Mysterium, und versteht den Tod als Übergang zur Neuwerdung.

Schamanen erleben in der Tat solche Transformationen, die sie befähigen, auf anderen Ebenen zu kommunizieren, die sie aber auch vielen Toden aussetzen. Initiation bedeutet dort die *„Einführung in eine größere und anfangs unbekannte Welt, die man nicht ungeschehen machen kann“. Voraussetzung dafür ist “eine solide Basis, auf der wir aufbauen können. Diese Basis ist notwendig, damit wir nicht in der für uns neuen, größeren Welt untergehen.“ „Meine eigene Initiation hatte mich mit meinem eigenen Tod konfrontiert und meine Vorstellung von den Abläufen dieser Welt vollkommen in Frage gestellt. Sie forderte von mir viele spirituelle und körperliche Opfer. Es war nicht nur eine Erfahrung auf Leben und Tod für mich, sie gehörte auch zu* *einer anderen Kultur und zu einer anderen Zeit. Ich wusste beim besten Willen nicht, wie ich diese Erfahrung für Menschen aus der westlichen Zivilisation ‚übersetzen' sollte" (Alexander Alich).*

Es stellt sich hier die spannende Frage, ob die gesamte Archaik noch nötig und hilfreich ist oder ob wir in unserer Zeit nicht neue Formen der Initiation finden, die auch den Bedürfnissen der Menschlichkeit und der Zeit gerecht werden. Wir brauchen nicht so sehr geistige Reisen als tiefen Frieden und innere und äußere Heilung. Wer die Geister einmal gerufen hat und sich mit ihnen verbunden hat, kann es in der Regel nicht mehr rückgängig machen. Eine Alternative wäre, die Geister ruhen zu lassen. So könnten sie vielleicht auch zur Ruhe kommen.

Dieses Märchen nutzt den christlichen Hintergrund und nimmt gleich zu Anfang Bezug auf die Zeit des Todes und der Auferstehung Jesu. Es ist dasselbe Geheimnis von Tod und Wiedergeburt, das im Christentum wie in den schamanischen Traditionen und Mysterienkulten weitergegeben wurde. Marlenchen ist wohl die verkürzt eingedeutschte Namensform von Maria Magdalena. Auch deren Tränen zeigten ihre Liebe (Lk 7/38). Selbst der Mühlstein ist ein biblisches Motiv (Mt 18/6). Die Schlachtung des (göttlichen) Sohnes ist urchristlicher Sprachgebrauch (Apg 8/32). Selbst der nur im Hintergrund stehende Baum, der dem Märchen den Namen gibt, erinnert an biblische Motive (1. Mose 2f).

Auch Bezüge zum mittelalterlichen Parzifal-Mythos sind nicht ganz von der Hand zu weisen (zum Anfang der Geschichte Parzival 282,20 ff: die "drei Blutstropfen im Schnee"; zum Schluss: "von des steines craft der fênîs verbrinnet, daz er ze aschen wirt: diu asche im aber leben birt"). Das alles spricht dafür, dass dieses Märchen in der Tiefe gehört werden will und in sehr alter Tradition verwurzelt ist.

Wir Heutigen haben die Möglichkeit, es auf dem Hintergrund *unserer* Erfahrungen zu hören und zu verstehen. Nur dadurch kann es uns helfen. Wir haben selbst genügend Familiengeschichten, genügend Leid und Krankheiten, Krisen und Tragödien, Verirrungen und Grausamkeiten, Trennungen und Tode. Wir können sie in unserer Zeit annehmen, sie erleiden und – ‚so Gott will' – neu daraus hervorgehen. Wir können dies durchaus als Initiation verstehen, als tiefe Berührung und Einweihung in das Leben. Man muss die Dinge nicht rituell durchlaufen, wenn man sie direkt versteht und zulässt. Wenn die Liebe, wie in dieser Geschichte alles hüten kann, sind wir wohl bewahrt.

Der Baum im Hintergrund ist vielleicht auch eine kleine Erinnerung daran, was wir diesem verdanken – mit jedem Atemzug. Kinder haben manchmal einen solchen Baum, wo sie immer wieder hingehen. Aber auch Erwachsene sind durchaus in der Lage, einen (bestimmten) Baum zu lieben und zu achten.

„Der Bruder wird schon wiederkommen“. Diese Hoffnung der Schwester durchzieht das Märchen und mag auch uns eine leise Perspektive geben in all den Grausamkeiten und tödlichen Gefahren der Gegenwart.

---

* S. Schamanismus und Zaubermärchen, H. Gehrts, S. 147ff

** S. Schamanismus und Zaubermärchen, H. Gehrts S.152

4. Die Befreiung aus der alten Ordnung

Anne Anderson, Die zertanzten Schuhe

Die zertanzten Schuhe

Es war einmal ein König, der hatte zwölf Töchter, eine immer schöner als die andere. Sie schliefen zusammen in einem Saal, wo ihre Betten nebeneinander standen, und abends wenn sie darin lagen, schloss der König die Tür zu und verriegelte sie. Wenn er aber am Morgen die Türe aufschloss, so sah er, dass ihre Schuhe zertanzt waren, und niemand konnte herausbringen, wie das zugegangen war. Da ließ der König ausrufen, wer's könnte ausfindig machen, wo sie in der Nacht tanzten, der sollte sich eine davon zur Frau wählen und nach seinem Tod König sein: wer sich aber meldete und es nach drei Tagen und Nächten nicht herausbrächte, der hätte sein Leben verwirkt. Nicht lange, so meldete sich ein Königssohn und erbot sich, das Wagnis zu unternehmen. Er ward wohl aufgenommen und abends in ein Zimmer geführt, das an den Schlafsaal stieß. Sein Bett war da aufgeschlagen, und er sollte acht haben, wo sie hingingen und tanzten; und damit sie nichts heimlich treiben konnten oder zu einem andern Ort hinausgingen, war auch die Saaltüre offen gelassen. Dem Königssohn fiel's aber wie Blei auf die Augen und er schlief ein, und als er am Morgen aufwachte, waren alle Zwölfe zum Tanz gewesen, denn ihre Schuhe standen da und hatten Löcher in den Sohlen. Den zweiten und dritten Abend ging's nicht anders, und da ward ihm sein Haupt ohne Barmherzigkeit abgeschlagen. Es kamen hernach noch viele und meldeten sich zu dem Wagestück, sie mussten aber alle ihr Leben lassen. Nun trug sich's zu, dass ein armer Soldat, der eine Wunde hatte und nicht mehr dienen konnte, sich auf dem Weg nach der Stadt befand, wo der König wohnte. Da begegnete ihm eine alte Frau, die fragte ihn, wo er hin wollte. 'Ich weiß selber nicht recht,' sprach er, und setzte im Scherz hinzu 'ich hätte wohl Lust, ausfindig zu machen, wo die Königstöchter ihre Schuhe vertanzen, und danach König zu werden.' 'Das ist so schwer nicht,' sagte die Alte, 'du musst den Wein nicht trinken, der dir abends gebracht wird, und musst tun, als wärst du fest eingeschlafen.' Darauf gab sie ihm ein Mäntelchen und sprach 'wenn du das umhängst, so bist du unsichtbar und kannst den Zwölfen dann nachschleichen.' Wie der Soldat den guten Rat bekommen hatte, ward's Ernst bei ihm, so dass er ein Herz fasste, vor den König ging und sich als Freier meldete. Er ward so gut aufgenommen wie die andern auch, und wurden ihm königliche Kleider angetan. Abends zur Schlafenszeit ward er in das Vorzimmer geführt, und als er zu Bette gehen wollte, kam die älteste und brachte ihm einen Becher Wein: aber er hatte sich einen Schwamm unter das Kinn gebunden, ließ den

Wein da hineinlaufen, und trank keinen Tropfen. Dann legte er sich nieder, und als er ein Weilchen gelegen hatte, fing er an zu schnarchen wie im tiefsten Schlaf. Das hörten die zwölf Königstöchter, lachten, und die älteste sprach 'der hätte auch sein Leben sparen können.' Danach standen sie auf, öffneten Schränke, Kisten und Kasten, und holten prächtige Kleider heraus: putzten sich vor den Spiegeln, sprangen herum und freuten sich auf den Tanz. Nur die jüngste sagte 'ich weiß nicht, ihr freut euch, aber mir ist so wunderlich zumut: gewiss widerfährt uns ein Unglück.' 'Du bist eine Schneegans,' sagte die älteste, 'die sich immer fürchtet. Hast du vergessen, wie viel Königssöhne schon umsonst dagewesen sind? dem Soldaten hätt ich nicht einmal brauchen einen Schlaftrunk zu geben, der Lümmel wäre doch nicht aufgewacht.' Wie sie alle fertig waren, sahen sie erst nach dem Soldaten, aber der hatte die Augen zugetan, rührte und regte sich nicht, und sie glaubten nun ganz sicher zu sein. Da ging die Älteste an ihr Bett und klopfte daran: alsbald sank es in die Erde, und sie stiegen durch die Öffnung hinab, eine nach der andern' die älteste voran. Der Soldat, der alles mit angesehen hatte, zauderte nicht lange, hing sein Mäntelchen um und stieg hinter der jüngsten mit hinab. Mitten auf der Treppe trat er ihr ein wenig aufs Kleid, da erschrak sie und rief 'was ist das? wer hält mich am Kleid?' 'Sei nicht so einfältig,' sagte die älteste, 'du bist an einem Haken hängen geblieben.' Da gingen sie vollends hinab, und wie sie unten waren, standen sie in einem wunderprächtigen Baumgang, da waren alle Blätter von Silber und schimmerten und glänzten. Der Soldat dachte 'du willst dir ein Wahrzeichen mitnehmen,' und brach einen Zweig davon ab: da fuhr ein gewaltiger Krach aus dem Baume. Die jüngste rief wieder 'es ist nicht richtig, habt ihr den Knall gehört?' Die älteste aber sprach 'das sind Freudenschüsse, weil wir unsere Prinzen bald erlöst haben.' Sie kamen darauf in einem Baumgang, wo alle Blätter von Gold, und endlich in einen dritten, wo sie klarer Demant waren: von beiden brach er einen Zweig ab, wobei es jedes Mal krachte, dass die jüngste vor Schrecken zusammenfuhr: aber die älteste blieb dabei, es wären Freudenschüsse. Sie gingen weiter und kamen zu einem großen Wasser, darauf standen zwölf Schifflein, und in jedem Schifflein saß ein schöner Prinz, die hatten auf die Zwölfe gewartet, und jeder nahm eine zu sich, der Soldat aber setzte sich mit der jüngsten ein. Da sprach der Prinz 'ich weiß nicht. das Schiff ist heute viel schwerer, und ich muss aus allen Kräften rudern, wenn ich es fortbringen soll.' 'Wovon sollte das kommen,' sprach die jüngste, 'als vom warmen Wetter, es ist mir auch so heiß zumut.' Jenseits des Wassers aber stand ein schönes hellerleuchtetes Schloss, woraus eine lustige Musik erschallte von Pauken und Trompeten. Sie ruderten hinüber, traten ein, und jeder Prinz tanzte mit seiner Liebsten; der Soldat aber tanzte unsichtbar mit, und wenn eine einen Becher mit Wein hielt, so trank er ihn aus, dass er leer war, wenn sie ihn an den Mund brachte; und der jüngsten ward auch Angst darüber, aber die älteste brachte sie immer zum Schweigen. Sie tanzten da bis drei Uhr am andern Morgen, wo alle Schuhe durchgetanzt waren und sie aufhören mussten. Die Prinzen fuhren sie über das Wasser wieder zurück, und der Soldat setzte sich diesmal vorne hin zur ältesten. Am Ufer nahmen sie von ihren Prinzen Abschied und versprachen, in der folgenden Nacht wiederzukommen. Als sie an der Treppe waren, lief der Soldat voraus und legte sich in sein Bett, und als die zwölf langsam und müde heraufgetrippelt kamen, schnarchte er schon wieder so laut, dass sie's alle hören konnten, und sie sprachen 'vor dem sind wir sicher.' Da taten sie ihre schönen Kleider aus, brachten sie weg, stellten die zertanzten Schuhe unter das Bett und legten sich nieder. Am andern Morgen wollte der Soldat nichts sagen, sondern das wunderliche Wesen noch mit ansehen, und ging die zweite und die dritte Nacht wieder mit. Da war alles wie das erste Mal, und sie tanzten jedes Mal, bis die Schuhe entzwei waren. Das dritte Mal aber nahm er zum Wahrzeichen einen Becher mit. Als die Stunde gekommen war, wo er antworten sollte, steckte er die drei Zweige und den Becher zu sich und ging vor den

König, die Zwölfe aber standen hinter der Türe und horchten, was er sagen würde. Als der König die Frage tat 'wo haben meine zwölf Töchter ihre Schuhe in der Nacht vertanzt?' so antwortete er 'mit zwölf Prinzen in einem unterirdischen Schloss,' berichtete, wie es zugegangen war, und holte die Wahrzeichen hervor. Da ließ der König seine Töchter kommen und fragte sie, ob der Soldat die Wahrheit gesagt hätte, und da sie sahen, dass sie verraten waren und leugnen nichts half, so mussten sie alles eingestehen. Darauf fragte ihn der König, welche er zur Frau haben wollte. Er antwortete 'ich bin nicht mehr jung, so gebt mir die älteste.' Da ward noch am selbigen Tage die Hochzeit gehalten und ihm das Reich nach des König's Tode versprochen. Aber die Prinzen wurden auf so viel Tage wieder verwünscht, als sie Nächte mit den Zwölfen getanzt hatten.

Märchen der Brüder Grimm

Das Märchen handelt von der Befreiung von einer gesellschaftlichen Norm, die für uns heute fast selbstverständlich ist: die Befreiung der Frau aus der strengen Überwachung des Vaters/Mannes. Sieht man in islamische Länder oder auch nur in die katholische Kirche, merkt man, dass das mitnichten überall verwirklicht ist. Initiation geschieht nicht nur auf der persönlichen, sie geschieht auch auf der kollektiven Ebene. Dort sind die Übergänge in ein neues Bewusstsein eher noch schmerzhafter und langwieriger als auf der individuellen Ebene.

Der Bruch des Tabu ist ein wichtiges Thema im Märchen*. Es ist ein heikles Thema und ist immer eine Gratwanderung. Es betrifft nämlich nicht nur den Einzelnen, sondern viele. Wird die gemeinsame Übereinstimmung durchbrochen, muss es gewichtige Motive geben und einen wirklichen Fortschritt. Der muss sich erst mal erweisen und hat es deshalb immer schwer.

Die Ordnung wird letztlich nicht aufgelöst, sondern es geht wieder einen vertrauten Gang. Das ist kein Manko, es ist lebensnotwendig. Es wird geheiratet. Und damit ist alles versöhnt. Auch das Schicksal der elf andern Töchter wird nicht weiter bedacht. Das wird so sein müssen. Dennoch ist ein altes patriarchales Gesetz durchbrochen worden. Die ‚zertanzten Schuhe' stehen wie kein anderes Märchen für gesellschaftliche Veränderungen, die zunächst durch die Unterwelt gehen, um eines Tages im Lichte bestehen zu können.

Die Befreiung geschieht dadurch, dass die ‚12' Töchter sich nächtens in die *Unterwelt* begeben. D.h. sie gehen ein großes Risiko ein und leben heimlich das, was ihr Herzenswunsch ist, was sie aber eigentlich nicht dürfen. Sie möchten mit ‚ihrem' Prinzen tanzen und sich vergnügen. Das setzen sie einfach durch. Die Älteste führt sie dabei. Die Jüngste hat eigentlich nichts zu sagen, hat aber stets das intuitiv richtige Gefühl.

Der Vater wird das Tabu *nie* auflösen. Also müssen die Töchter es tun, um das zu leben, was zutiefst in ihnen ist. Es ist immer ein sehr schmaler Grat zwischen Konvention und Befreiung, zwischen Tabu und seinem gesellschaftlichem Bruch. Aber er muss bisweilen beschritten werden.

Der Vater möchte erstaunlicherweise nur das Rätsel der ‚zertanzten Schuhe' gelöst haben. Seine Neugier ist stärker als sein Wunsch nach Bestrafung und Beherrschung. Ein einfacher verletzter Soldat meistert diese Aufgabe mithilfe einer ‚alten Frau'! Es ist das individuell initiatische Moment dieser Geschichte: auch oder *gerade* wenn einer verwundet ist, aber Rat und Hilfe in Anspruch nimmt, kann er die Aufgaben lösen, die keinem Edlen vor ihm gelang. Die entscheidende Hilfe gibt die alte Frau!

Dieses für uns sehr moderne Märchen zeigt den heimlichen Weg der jungen Frauen. Das Märchen bedient sich der Jenseits- und Unterweltmotive mit dem dazugehörigen Fluss und den metallenen

Wäldern. Aber entscheidend ist, dass sie sich aus der patriarchalen Gefangenschaft mit aller Macht lösen wollen. Letztlich reicht das nicht. Es braucht die Hilfe von außen, die Hilfe des Soldaten. Die Älteste kann zuerst ein freies Leben mit *ihrem* Mann leben. Sie mag stellvertretend für alle elf anderen stehen, deren Schicksal nicht weiter bedacht wird.

Es ist ein großer Schritt für uns alle, wenn das weibliche Geschlecht in eine neue Parität zum männlichen Geschlecht tritt. Das geschieht auf so vielen Ebenen, die nicht nur das ‚jungfräuliche Gemach' betreffen. Die ‚zertanzten Schuhe' sind ein ausgesprochen weibliches Bild: Schuhe werden eigentlich nur von Frauen *so* beachtet. *Sie* sind es auch in erster Linie, die immer tanzen wollen – bis es nicht mehr geht. Die Männer verlassen die Tanzfläche in der Regel vorher – es sei denn, sie haben eine so wundervolle Frau bei sich.

Die Prinzen der Unterwelt können die Erlösung nicht bringen, aber der verletzte ‚Krieger'! Es braucht *diese* Kraft, ohne die nichts Neues wirklich zustande kommt. Die Prinzen, die nur eine Schattenwelt verkörperten, werden am Schluss bestraft, d.h. zurückgewiesen. Das Ideal, den heimlichen Wunsch wird man nie leben können, die reale Begegnung schon eher.

---

*S. Ingrid Riedel, Tabu im Märchen, 1996

5. Die Macht der Liebe

Östlich der Sonne und westlich vom Mond

Es war einmal ein armer Häusler, der hatte viele Kinder, die er nur notdürftig ernähren und nur ganz ärmlich kleiden konnte; schön waren sie alle, aber am schönsten von ihnen war doch die jüngste Tochter, sie war ganz über alle Massen schön.

Nun war einmal an einem Donnerstagabend im Spätherbst fürchterliches Wetter draußen. Es war stockfinster, und es regnete und stürmte, dass das Haus in allen Fugen krachte. Die ganze Familie saß um den Herd herum, und jedes hatte irgendeine Arbeit vor. Da klopfte es plötzlich dreimal laut an die Fensterscheibe. Der Mann ging hinaus, um zu sehen, was es gäbe, und als er hinauskam, stand da ein großer weißer Bär.

"Guten Abend", sagte der weiße Bär.

"Guten Abend", sagte auch der Mann.

"Willst du mir deine jüngste Tochter geben, dann mache ich dich ebenso reich, wie du jetzt arm bist", sagte der Bär.

Dem Mann gefiel es nicht übel, dass er so reich werden sollte; aber er meinte doch, er müsse vorher mit seiner Tochter sprechen. Er ging also wieder hinein und sagte, es sei ein weißer Bär draußen, der habe versprochen, ihn ebenso reich zu machen, wie er jetzt arm sei, wenn er nur die jüngste Tochter zur Frau bekomme.

Das Mädchen aber sagte nein und wollte nichts davon wissen. Der Mann ging wieder zu dem weißen Bären hinaus, und die beiden kamen überein, dass der weiße Bär am nächsten Donnerstag wiederkommen und sich Bescheid holen solle.

Indessen aber bearbeiteten die Eltern ihre Tochter und schwatzten ihr von all dem Reichtum vor, zu dem sie gelangen sollten, und wie gut es ihr selbst gehen würde. Da willigte sie schließlich ein. Sie wusch und flickte ihre paar ärmlichen Kleider, schmückte sich, so gut sie konnte, und hielt sich reisefertig. Und was sie mitbekam, war auch nicht der Rede wert.

Am nächsten Donnerstag kam der weiße Bär, die Braut zu holen. Das Mädchen setzte sich mit seinem Bündel auf den Rücken des Bären, und er trabte davon. Nachdem sie eine gute Strecke zurückgelegt hatten, fragte der Bär: "Hast du Angst?"

"Nein, durchaus nicht", antwortete sie.

"Halt doch nur gut fest an meinem Fell, dann hat es keine Not", sagte der Bär. Nun ritt sie auf dem Rücken des Bären weit, weit fort, bis sie schließlich an einen großen Felsen kamen.

Da klopfte der Bär an, und gleich ging eine Tür auf, durch die sie in ein großes Schloss hineingelangten mit vielen hellerleuchteten Zimmern, wo alles von Gold und Silber glänzte. Dann kamen sie in einen großen Saal; da stand ein Tisch, der mit den herrlichsten Gerichten über und über bedeckt war. Hier gab der weiße Bär dem Mädchen eine silberne Glocke und sagte, wenn sie irgend etwas haben wolle, brauche sie nur mit der Glocke zu klingeln, dann werde sie es sogleich bekommen.

Nachdem nun das Mädchen gespeist hatte und es Abend wurde, fühlte sie sich schläfrig von der Reise und hatte Lust, sich niederzulegen und zu schlafen. Sie klingelte also mit der Glocke; aber kaum hatte sie den ersten Ton erschallen lassen, als sie auch schon in ein Zimmer versetzt war, in dem das schönste Bett stand, das man sich nur wünschen konnte, mit seidenen Kissen und Vorhängen mit goldenen Fransen; und alles, was sich in dem Zimmer befand, war auch von Gold und Silber.

Doch als sie sich niedergelegt und das Licht ausgelöscht hatte, kam ein Mensch herein und legte sich neben sie. Der Mensch aber war der weiße Bär, der in der Nacht seinen Pelz abwerfen durfte. Das Mädchen bekam ihn jedoch nie zu sehen, denn er kam immer erst wenn sie das Licht gelöscht hatte, und ehe es morgens hell wurde, war er wieder verschwunden.

Eine Weile ging nun alles sehr gut; aber allmählich wurde das Mädchen still und betrübt, sie war ja den ganzen Tag mutterseelenallein, und so überkam sie ein großes Heimweh nach ihren Eltern und Geschwistern. Der weiße Bär fragte sie, was ihr denn fehle, da sagte sie, sie sei immer so allein und wolle so schrecklich gern ihre Eltern und Geschwister wiedersehen, und weil sie das nicht könne, sei sie so traurig.

"Oh, das kann schon geschehen", sagte der weiße Bär. "Aber du musst mir versprechen, dass du mit deiner Mutter nie allein reden willst, sondern nur, wenn andere zugegen sind. Sie wird dich wahrscheinlich an der Hand nehmen und dich in ihre Kammer führen wollen, damit sie mit dir allein sprechen kann. Aber das darfst du nicht zulassen, sonst machst du uns beide unglücklich."

Eines Sonntags kam dann auch wirklich der weiße Bär und sagte, jetzt könnten sie die Reise zu ihren Eltern antreten. Sie setzte sich also auf den Rücken des Bären, und der Bär machte sich auf den Weg. Nachdem sie eine sehr weite Strecke zurückgelegt hatten, kamen sie schließlich an ein schönes, großes, weißes Haus, vor dem ihre Geschwister spielten und sich tummelten; und alles war so reich und so prächtig, dass es eine wahre Freude war, es nur anzusehen.

"Hier wohnen deine Eltern", sagte der weiße Bär. "Vergiss nun nicht, was ich dir gesagt habe, sonst machst du dich und mich unglücklich."

Gott bewahre, sie würde es sicher nicht vergessen, sagte das Mädchen; und als sie vor dem Haus angekommen waren, stieg sie ab, und der Bär kehrte wieder um.

Als die Tochter bei den Eltern eintraf, freuten sich diese über die Massen; sie sagten, sie könnten ihr nicht genug dafür danken, was sie für sie getan habe, jetzt ginge es ihnen allen miteinander ausgezeichnet. Dann fragten sie, wie es ihr selbst ginge. Das Mädchen sagte, es ginge ihr auch recht gut, und sie habe alles, was sie sich nur wünschen könnte. Ich weiß nicht recht, was sie ihnen noch weiter erzählte, aber ich glaube nicht, dass sie ihnen alles genau mitteilte.

Am Nachmittag nun, als die Familie zu Mittag gegessen hatte, ging es so, wie der weiße Bär vorausgesagt hatte. Die Mutter wollte drinnen in ihrer Kammer allein mit der

Tochter sprechen. Die aber dachte daran, was der weiße Bär gesagt hatte, und wollte nicht mit der Mutter gehen, sondern sagte: "Was wir miteinander zu besprechen haben, können wir ebenso gut hier sagen."

Aber – sie wusste selbst nicht recht, wie es kam – schließlich überredete die Mutter sie doch, und da musste sie genau erzählen, wie es ihr ging. Sie berichtete nun, sobald sie abends ihr Licht gelöscht habe, komme ein Mensch, und der lege sich neben sie. Sie habe ihn aber noch nie gesehen, denn er gehe immer fort, ehe es des Morgens hell sei. Darüber gräme sie sich, denn sie wolle ihn doch so schrecklich gern sehen, und am Tage sei sie allein, und es sei gar so öde und einsam.

"O weh, das ist am Ende ein Troll", sagte die Mutter. "Aber ich will dir einen guten Rat geben, wie du ihn sehen kannst. Hier hast du ein Stück von einer Kerze, das verstecke unter deinem Brusttuch. Wenn der Troll schläft, zünde das Licht an und betrachte ihn dir. Nimm dich aber in acht, dass du keinen Tropfen Talg auf ihn fallen lässt."

Die Tochter nahm das Licht und verbarg es an ihrem Busen, und am Abend kam der weiße Bär, sie zu holen. Als sie eine Strecke zurückgelegt hatten, fragte der weiße Bär, ob es nicht geradeso gegangen sei, wie er gesagt habe. Doch, es sei so gegangen, das Mädchen konnte es nicht leugnen.

"Hast du auf den Rat deiner Mutter gehört, dann machst du dich und mich unglücklich, und dann ist es aus zwischen uns", sagte der Bär.

O nein, erwiderte das Mädchen, das habe es gewiss nicht getan.

Als sie zu Hause angelangt waren und das Mädchen sich zu Bett gelegt hatte, ging es genau wie sonst: ein Mensch kam herein und legte sich neben sie. In der Nacht aber, als sie hörte, dass der Mensch fest schlief, stand sie auf und zündete die Kerze an. Sie beleuchtete ihn und sah den schönsten Prinzen, den man nur sehen konnte. Er gefiel ihr so über alle Massen, dass sie meinte, nicht länger leben zu können, wenn sie ihn nicht augenblicklich küssen dürfte. Sie tat es; aber aus Versehen ließ sie drei heiße Talgtropfen auf sein Hemd fallen, und er erwachte.

"Ach, was hast du getan!" rief er. "Nun hast du uns beide unglücklich gemacht. Hättest du nur das Jahr ausgehalten, wäre ich erlöst gewesen! Ich habe eine Stiefmutter, die mich verzaubert hat, dass ich bei Tag ein Bär und bei Nacht ein Mensch bin; aber jetzt ist es aus zwischen uns beiden, und ich muss zu meiner Stiefmutter zurückkehren. Sie wohnt auf einem Schlosse, das liegt östlich von der Sonne und westlich vom Mond. Dort ist eine Prinzessin mit einer drei Ellen langen Nase, die muss ich jetzt heiraten."

Das Mädchen weinte und jammerte, aber es half nichts. Der Prinz sagte, er müsse abreisen. Da fragte sie, ob sie ihn denn nicht begleiten dürfe. Nein, sagte er, das gehe nicht an. "Aber kannst du mir nicht wenigstens den Weg sagen, damit ich dich suchen kann. Denn das wird doch wohl erlaubt sein?"

"Ja, das darfst du wohl", sagte er. "Aber es führt kein Weg dahin. Das Schloss liegt östlich von der Sonne und westlich vom Mond, und dahin findest du den Weg nie und nimmer."

Als das Mädchen am nächsten Morgen erwachte, waren sowohl der Prinz als auch das Schloss verschwunden. Sie lag auf einem grünen Platz mitten in einem dichten dunkeln Wald, und neben ihr lag das Bündel mit ihrer armseligen Habe, das sie von Hause mitgebracht hatte. Als sie sich nun den Schlaf aus den Augen gerieben und sich satt geweint hatte, machte sie sich auf den Weg und wanderte viele, viele Tage lang, bis sie endlich an einen großen Berg kam.

Vor dem Berge saß eine alte Frau und spielte mit einem goldenen Apfel. Das Mädchen fragte die Frau ob sie nicht den Weg wisse zu dem Prinzen, der bei seiner Stiefmutter auf dem Schlosse wohne, das östlich von der Sonne und westlich vom Mond liege, und der eine Prinzessin mit einer drei Ellen langen Nase heiraten sollte.

"Woher kennst du ihn?" fragte die Frau. "Bist du vielleicht das Mädchen, das er heiraten wollte?"

"Ja, ich bin jenes Mädchen"' antwortete sie.

"So, also du bist es?" sagte die Frau. "Ja, mein Kind, ich weiß leider nichts von ihm, als dass er auf dem Schlosse wohnt, das östlich von der Sonne und westlich vom Mond liegt; und dahin gelangst du wohl niemals. Aber ich will dir mein Pferd leihen; darauf kannst du zu meiner Nachbarin reiten. Vielleicht kann sie dir Auskunft geben. Und wenn du dort angekommen bist, gib dem Pferd nur einen Schlag hinter das linke Ohr und befiehl ihm, nach Hause zu gehen. Und hier, nimm den golden Apfel mit."

Das Mädchen setzte sich auf das Pferd und ritt lange, lange Zeit. Schließlich kam sie wieder an einen Berg, vor dem saß eine alte Frau mit einer goldenen Haspel. Das Mädchen fragte die Frau, ob sie ihm nicht den Weg nach dem Schlosse sagen könne, das östlich von der Sonne und westlich vom

Mond liege. Die Frau sagte dasselbe wie die vorige: nein, sie wisse nichts von dem Schlosse, als dass es östlich von der Sonne und westlich vom Mond liege.

"Und dahin", sagte sie, "kommst du wohl nie. Aber ich will dir mein Pferd bis zu meiner nächsten Nachbarin leihen. Vielleicht kann sie dir Auskunft geben. Und wenn du bei ihr angekommen bist, gib dem Pferd nur einen Schlag hinter das linke Ohr und befiehl ihm, wieder nach Hause zu gehen."

Zum Schlusse gab sie dem Mädchen noch die goldene Haspel, denn sie könnte ihr vielleicht nützlich sein, sagte die Alte.

Das Mädchen setzte sich nun auf das Pferd und ritt wieder lange, lange Zeit. Endlich kam es abermals an einen großen Berg, vor dem saß eine alte Frau und spann an einem goldenen Rocken. Da fragte das Mädchen wieder nach dem Prinzen und nach dem Schlosse, das östlich von der Sonne und westlich vom Mond liege. Es ging auch genau wie bei den beiden anderen Malen.

"Bist du vielleicht dieses Mädchen, das der Prinz heiraten wollte?" fragte die Alte.

"Ja, ich bin dieses Mädchen", antwortete sie.

Aber auch diese Frau wusste nicht mehr von diesem Weg als die beiden anderen. "Ja, östlich von der Sonne und westlich vom Mond liegt das Schloss, das weiß ich", sagte sie. "Aber dahin gelangst du wohl niemals. Ich will dir jedoch mein Pferd leihen, darauf kannst du zum Ostwind reiten und ihn fragen. Vielleicht ist er dort bekannt und kann dich hinwehen. Und wenn du bei ihm angekommen bist, gib dem Pferd nur einen Schlag hinter das linke Ohr, dann kehrt es von selbst hierher zurück."

Zuletzt gab ihr die Frau auch noch ihren goldenen Sprinnrocken mit. "Vielleicht kann er dir nützlich sein", sagte sie.

Das Mädchen ritt nun viele Tage und Wochen, und es dauerte lange, lange, bis sie bei dem Ostwind ankam, aber schließlich gelangte sie doch hin, und nun fragte sie den Ostwind, ob er ihr den Weg zu dem Prinzen zeigen könne, der östlich von der Sonne und westlich vom Mond wohne.

O ja, von dem Prinzen habe er wohl reden hören, sagte der Ostwind, und von dem Schlosse ebenfalls, aber den Weg dahin kenne er nicht, denn er habe noch nie so weit geblasen. "Wenn du aber willst, dann bringe ich dich zu meinem Bruder, dem Westwind. Vielleicht kann der dir Auskunft geben, denn er ist viel stärker als ich. Setze dich nur auf meinen Rücken, dann trage ich dich hin."

Das Mädchen tat, wie ihm geheißen war, und nun ging es gar rasch von dannen. Als sie bei dem Westwind angekommen waren, sagte der Ostwind, er bringe hier das Mädchen, das der Prinze habe heirate wollen, der auf dem Schlosse wohne, das östlich von der Sonne und westlich vom Mond liege. Sie sei auf der Reise zu ihm und suche ihn überall; nun habe er sie hierher begleitet, um zu hören, ob der Westwind wisse, wo dieses Schloss liege.

"Nein", sagte der Westwind zu dem Mädchen, "so weit habe ich noch nie geweht; aber wenn du willst, bringe ich dich zum Südwind, der ist viel stärker als wir beide und weit und breit herumgekommen. Vielleicht kann der dir Auskunft geben. Setze dich auf meinen Rücken, dann trage ich dich zu ihm."

Das Mädchen tat es, und nun zogen sie eilig dahin zum Südwind. Als sie ankamen, fragte der Westwind, ob der Südwind nicht den Weg nach dem Schlosse weisen könne, das östlich von der Sonne und westlich vom Mond liege. Dies hier sei das Mädchen, das den Prinzen bekommen sollte.

"Ach so, dies ist also das Mädchen!" rief der Südwind. "Ja, ich bin allerdings in meinem Leben weit herumgekommen", sagte er, "so weit jedoch habe ich noch nie geweht. Wenn du aber willst, trage ich dich zu meinem Bruder, dem Nordwind. Er ist der älteste und stärkste von uns allen. Wenn der nicht weiß, wo das Schloss liegt, kannst du es auf der ganzen Welt nirgends erfahren. Setze dich mir auf den Rücken, dann trage ich dich hin."

Das Mädchen setzte sich dem Südwind auf den Rücken, und er flog davon, dass es nur so sauste und brauste. Die Reise dauerte nicht lange.

Als sie die Wohnung des Nordwindes erreicht hatten, war dieser so wild und ungebärdig, dass er sie schon von weitem kalt anblies. "Was wollt ihr?" schrie er, sobald er sie erblickte, so dass ihnen ein kalter Schauder über den Rücken lief.

"Du musst uns nicht so bös anblasen", sagte der Südwind. "Ich bin es, der Südwind. Und das ist das Mädchen, das der Prinz heiraten wollte, der auf dem Schlosse wohnt, das östlich von der Sonne und westlich vom Mond liegt. Sie möchte dich fragen, ob du je dort gewesen bist und ihr den Weg zeigen kannst; denn sie möchte den Prinzen gern wiederfinden."

"O ja, ich weiß schon, wo das Schloss liegt", sagte der Nordwind. "Ich habe ein einziges Mal ein Espenblatt hingeweht, aber da war ich so müde, dass ich viele Tage lang nicht mehr blasen konnte. Wenn du aber durchaus hinwillst und dich nicht vor mir fürchtest, so will ich dich auf meinen Rücken nehmen und versuchen, ob ich dich hinblasen kann."

Das Mädchen sagte, sie wolle und müsse auf das Schloss, wenn es sich auf irgendeine Weise machen lasse; und sie habe keine Angst, wenn es auch noch so schlimm gehen sollte. "Nun gut, dann musst du hier übernachten", sagte der Nordwind. "Denn wenn wir morgen dorthin kommen wollen, müssen wir den ganzen Tag vor uns haben."

Früh am nächsten Morgen weckte der Nordwind das Mädchen. Dann blies er sich auf und machte sich so groß und dick, dass es ganz schrecklich anzusehen war; und hierauf ging es mit einer Geschwindigkeit durch die Luft dahin, als wenn sie gleich ans Ende der Welt gelangen sollten.

Überall unter ihnen raste ein solcher Sturm, dass Wälder entwurzelt und Häuser eingerissen wurden; und als sie über das Meer hinsausten, scheiterten die Schiffe zu Hunderten. Weiter und immer weiter ging es, so weit, wie sich's kein Mensch vorstellen kann; und immer noch flogen sie übers Meer hin; aber allmählich wurde der Nordwind müde, und er wurde immer schwächer und schwächer. Schließlich konnte er fast nicht mehr weiter; und er sank hinunter und immer weiter hinunter, und zuletzt flog er so tief drunten, dass ihm die Wellen an die Fersen schlugen.

"Hast du Angst?" fragte der Nordwind.

"Nein, durchaus nicht", sagte das Mädchen. Jetzt waren sie aber auch nicht mehr weit vom Lande entfernt, und der Nordwind hatte eben noch so viel Kraft übrig, dass er das Mädchen auf dem Strand unter den Fenstern des Schlosses absetzen konnte, das östlich von der Sonne und westlich vom Mond liegt. Dann war er aber auch so ermattet und elend, dass er viele Tage ausruhen musste, ehe er den Heimweg antreten konnte.

Am nächsten Morgen setzte sich das Mädchen unter die Fenster des Schlosses und spielte mit dem goldenen Apfel; und die erste Person, die sich zeigte, war das Nasenungeheuer, das der Prinz heiraten sollte.

"Was willst du für deinen goldenen Apfel haben?" fragte die Nasenprinzessin, während sie das Fenster aufmachte.

"Er ist mir durchaus nicht feil, weder für Gold noch für Geld", antwortete das Mädchen.

"Was willst du denn dafür haben, wenn er dir nicht für Gold noch Geld feil ist?" fragte die Prinzessin. "Verlange, was du willst!"

"Nun, wenn ich bei dem Prinzen, der hier wohnt, eine Nacht schlafen dürfte, dann wollte ich dir den Apfel geben", sagte das Mädchen, das mit dem Nordwind gekommen war.

Darauf antwortete die Prinzessin, das ließe sich wohl einrichten; und nun bekam sie den goldenen Apfel. Als aber das Mädchen am Abend in die Kammer des Prinzen hineinkam, schlief dieser ganz fest. Sie rief ihn und rüttelte ihn, weinte und jammerte; aber sie konnte ihn nicht aufwecken; und am Morgen, als kaum der Tag graute, kam die Prinzessin mit der langen Nase und jagte sie hinaus.

An diesem Tag setzte sich das Mädchen wieder unter die Fester des Schlosses und drehte ihre goldene Haspel. Da ging es gerade wie am vorhergehenden Tage. Die Prinzessin fragte, was sie für die Haspel haben wolle, und das Mädchen antwortete, sie sei ihr weder für Gold noch für Geld feil; aber wenn sie noch eine Nacht bei dem Prinzen schlafen dürfe, dann wolle sie der Prinzessin die Haspel lassen.

Als jedoch das Mädchen zu dem Prinzen hineinkam, war dieser wieder eingeschlafen, und wie sehr sie auch weinte und jammerte und ihn rief und schüttelte, er war nicht aufzuwecken. Gleich am Morgen aber, sobald es hell wurde, kam die Prinzessin mit der langen Nase und jagte sie hinaus.

An diesem Tage setzte sich das Mädchen wieder vor die Fenster des Schlosses und spann an ihrem goldenen Rocken; und die Prinzessin mit der langen Nase wollte ihn natürlich auch haben. Sie öffnete das Fenster und fragte, was sie für ihren goldenen Rocken haben wolle. Das Mädchen sagte dasselbe wie die beiden vorigen Male, dass ihr der Rocken weder für Gold noch für Geld feil sei, die Prinzessin könne ihn aber bekommen, wenn sie noch eine Nacht bei dem Prinzen zubringen dürfe. Ja, das dürfe sie gerne, sagte die Prinzessin und nahm den goldenen Rocken.

Nun hatten aber einige Christen, die auf dem Schlosse gefangen und in einer Kammer neben dem Prinzen untergebracht waren, zwei Nächte hindurch ein weibliches Wesen in dem Zimmer des Prinzen jämmerlich weinen und jammern hören, und das sagten sie dem Prinzen.

Als nun am Abend die Prinzessin mit dem Nachttrunk kam, tat der Prinz, als ob er trinke, goss ihn aber hinter sich aus, denn er konnte sich wohl denken, dass sie ein Schlafmittel in den Trunk hineingetan hatte. Und als nun das Mädchen hereinkam, war der Prinz wach, und sie musste erzählen, wie sie das Schloss gefunden hatte.

"Du kommst gerade noch zu rechter Zeit", sagte er, "denn morgen soll meine Hochzeit mit der Prinzessin sein, aber ich will das Nasenungetüm durchaus nicht, und du bist die einzige, die mich retten kann. Ich werde sagen, ich wolle erst sehen, ob meine Braut auch tüchtig sei, und von ihr verlangen, die drei Talgflecken aus meinem Hemd herauszuwaschen.

Darauf geht sie natürlich ein, denn sie weiß nicht dass du die Flecke gemacht hast. Doch nur Christenhände können sie wieder auswaschen, nicht aber die Hände von diesem Trollpack. Da werde ich sagen, dass ich nur das Mädchen heiraten werde, das die Flecken auswaschen könne, und dich darum bitten", sagte der Prinz. Und nun herrschte eitel Freude und Glück bei den beiden in dieser Nacht.

Aber am nächsten Tage, als die Hochzeit stattfinden sollte, sagte der Prinz: "Ich möchte doch erst sehen, was meine Braut kann."

Ja, das sei nicht mehr als billig, sagte die Schwiegermutter.

"Ich habe ein sehr schönes Hemd", fuhr der Prinz fort, "das ich auf der Hochzeit anziehen möchte, es sind aber drei Talgflecke hineingekommen, und diese müssen vorher ausgewaschen werden. Und nun habe ich mir gelobt, nur die zu meiner Frau zu machen, die dies tun kann. Wenn meine Braut es nicht zustande bringt, dann taugt sie auch nichts."

Ei, das sei keine schwere Aufgabe, meinten die Frauen und gingen auf den Vorschlag ein. Die Prinzessin mit der langen Nase fing auch gleich zu waschen an. Sie wusch aus Leibeskräften und gab sich alle Mühe, aber je länger sie wusch und rieb, desto grösser wurden die Flecken.

"Ach, du kannst nicht waschen!" sagte ihre Mutter, das alte Trollweib. "Gib mir es einmal."

Aber kaum hatte sie das Hemd in die Hand genommen, da wurde es noch hässlicher, und je mehr sie wusch und rieb, desto größer und schwärzer wurden die Flecken. Nun mussten die anderen Trollweiber herbei und waschen; aber je länger sie das Hemd wuschen, desto hässlicher wurde es, und schließlich sah es aus, als hätte es in einem Rauchfang gehangen. "Ach, ihr taugt alle nichts!" sagte der Prinz. "Da draußen vor dem Fenster sitzt ein Bettelmädchen, das versteht sich gewiss viel besser aufs Waschen als ihr alle miteinander."

"Du, Mädchen, komm einmal herein!" rief er zum Fenster hinaus; und als das Mädchen hereinkam, sagte er: "Kannst du mir wohl das Hemd hier reinwaschen?"

"Ich weiß es nicht", antwortete das Mädchen, "aber ich will es versuchen." Sie hatte aber kaum das Hemd ins Wasser getaucht, da wurde es so weiß wie frischgefallener Schnee, ja, noch weißer. "Ja, dich will ich haben!" sagte der Prinz.

Da wurde das alte Trollweib so zornig, dass es mittendurch barst, und die Prinzessin mit der langen Nase und das andere Trollgesindel barst wohl auch mittendurch, denn ich habe seither nie wieder etwas von ihnen gehört.

Der Prinze und seine Braut gaben nun allen Christen, die auf dem Schloss gefangen saßen, ihre Freiheit wieder, und dann packten sie so viel Gold und Silber ein, als sie nur fortschaffen konnten, und zogen weit fort von dem Schlosse, das östlich von der Sonne und westlich vom Mond liegt.

Norwegische Volksmärchen. Hrsg. und übertragen von Klara Stroebe und Reidar Th. Christiansen. Köln 1967, Nr. 31. (AT 425A, Norwegen)

Das Märchen verweist schon in seinem Titel auf einen Ort, den es gar nicht geben kann: ein Ort irgendwo zwischen den Sternen. Und so zauberhaft wie sein Thema beginnt es auch. An einem stürmischen Spätherbstabend klopft ein ‚weißer Bär' an die Tür einer armen Familie. Weiß ist die Farbe der Vollkommenheit, die alle anderen Farben in sich vereinigt. Der Bär ist eines der großen Krafttiere. Völlig selbstverständlich kommunizieren Tier und Mensch. Die jüngste und schönste Tochter wird auserwählt. Sie, die sich vielleicht gerne in einen hübschen jungen Mann verliebt hätte, muss sich nun auf dieses fremde Tier einlassen und mit ihm gehen. Dass dies in Wahrheit ihr Glück ist, weiß sie erst am Ende. Auch hier haben wir es mit einer Berufungsgeschichte zu tun. Man muss sich auf etwas einlassen, was man eigentlich nie gewollt hatte. Das Geheimnis lüftet sich wie immer erst am Ende. Auch sie vermag den direkten Weg, der nur ein Jahr gedauert hätte, nicht zu gehen und muss einen längeren auf sich nehmen. Sie wird schuldig, bricht ihr Versprechen, nicht mit der Mutter zu reden und lässt sich von der Neugier leiten, zu schauen, wer in ihrem Bett liegt. Die drei Talgflecken sind das bleibende Zeugnis ihres Versagens. Das kostet sie einen langen langen Weg zu den drei alten Frauen bis hin zu den Winden. Nur der eisigste und raueste aller Winde, der Nordwind vermag schließlich mit letzter Kraft das Mädchen zu ihrem Ziel zu führen. Mit ihrer Beharrlichkeit und Unerschrockenheit erreicht sie das Schloss.

Auch hier findet sie Wege, besteht die Prüfungen und kann die Gaben der alten Frauen nutzen. Sie bekommt die Möglichkeit, ihrem Geliebten zu begegnen und am Ende ihre Flecken reinzuwaschen. Das gelingt ihr und beide finden sich schlussendlich.

Den eigentlich so mächtigen Trollen gelingt es nicht. Hier zeigt sich der Übergang von der Naturreligion zum Christentum. Dass nur ‚Christenhände' solche Reinwaschung (vgl. Jes 1/18) vermögen, zeigt, dass Liebe und Vergebung ebenfalls eine große Macht sind, die bewusst angenommen und praktiziert werden mag. Dieses christlich geprägte Märchen verweist darauf, dass Umwege ebenfalls Wege sind, wenn sie mit Beharrlichkeit und Furchtlosigkeit gegangen werden. Es ist eine Geschichte von der Macht der Liebe, die altes Wissen, große und lange Wege, Versagen und Reinigung einschließen.

Zum alten Wissen des Märchens gehört die Kommunikation zwischen Mensch und Natur, wie sie im Schamanismus seit alter Zeit gepflegt wird. Die Winde sind Helfer und Gegenüber. Es besteht ebenfalls eine innige Nähe von Mensch und Tier, die seit Urzeiten bestand. Der weiße Bär ist ein Prinz. Der geliebte und gesuchte Mensch erscheint in der hohen Gestalt eines weißen Bärens, die aber noch verwandelt werden muss. Dies birgt eines der ältesten und für uns schwierigsten Geheimnisse. Das Tier und wir Menschen sind ein Übergang. Wir Heutigen haben uns daran gewöhnt, Schöpfung des Gottes und sein

Ebenbild zu sein, Wir sehen uns über das Tier evolutionär weit erhaben und hinausgewachsen. In Wahrheit sind alle Wesen tief verwandt und nur, in der Sprache der Märchen Wandlungen voneinander entfernt.*

* S. vom Autor ‚Tiere' 2013, S.36ff

6. Reife und Mitgefühl

Ivan Bilibin

Der goldene Vogel

Es war vor Zeiten ein König, der hatte einen schönen Lustgarten hinter seinem Schloss, darin stand ein Baum, der goldene Äpfel trug. Als die Äpfel reiften, wurden sie gezählt, aber gleich den nächsten Morgen fehlte einer. Das ward dem König gemeldet, und er befahl, dass alle Nächte unter dem Baume Wache sollte gehalten werden. Der König hatte drei Söhne, davon schickte er den ältesten bei einbrechender Nacht in den Garten. Wie es aber Mitternacht war, konnte er sich des Schlafes nicht erwehren, und am nächsten Morgen fehlte wieder ein Apfel. In der folgenden Nacht musste der zweite Sohn wachen, aber dem erging es nicht besser. Als es zwölf Uhr geschlagen hatte, schlief er ein, und morgens fehlte ein Apfel. Jetzt kam die Reihe zu wachen an den dritten Sohn; der war auch bereit, aber der König traute ihm nicht viel zu und meinte, er würde noch weniger ausrichten als seine Brüder; endlich aber gestattete er es doch. Der Jüngling legte sich also unter den Baum, wachte und ließ den Schlaf nicht Herr werden. Als es zwölf schlug, so rauschte etwas durch die Luft, und er sah im Mondschein einen Vogel daherfliegen, dessen Gefieder ganz von Gold glänzte. Der Vogel ließ sich auf dem Baume nieder und hatte eben einen Apfel abgepickt, als der Jüngling einen Pfeil nach ihm abschoss. Der Vogel entfloh, aber der Pfeil hatte sein Gefieder getroffen, und eine seiner goldenen Federn fiel herab. Der Jüngling hob sie auf, brachte sie am andern Morgen dem König und erzählte ihm, was er in der Nacht gesehen hatte. Der König versammelte seinen Rat, und jedermann erklärte, eine Feder wie diese sei mehr wert als das gesamte Königreich. "Ist die Feder so kostbar," erklärte der König, "so hilft mir die eine auch nichts, sondern ich will und muss den ganzen Vogel haben."

Der älteste Sohn machte sich auf den Weg, verließ sich auf seine Klugheit und meinte den goldenen Vogel schon zu finden. Wie er eine Strecke gegangen war, sah er an dem Rande eines Waldes einen Fuchs sitzen, legte seine Flinte an und zielte auf ihn. Der Fuchs rief: "Schieß mich nicht, ich will dir dafür einen guten Rat geben. Du bist auf dem Weg nach dem goldenen Vogel und wirst heute abend in ein Dorf kommen, wo zwei Wirtshäuser einander gegenüberstehen. Eins ist hell erleuchtet, und es geht darin lustig her; da kehr aber nicht ein, sondern geh ins andere, wenn es dich auch schlecht ansieht." Wie kann mir wohl so ein albernes Tier einen vernünftigen Rat erteilen! dachte der Königssohn und drückte los, aber er fehlte den Fuchs, der den Schwanz streckte und schnell in den Wald lief. Darauf setzte er seinen Weg fort und kam abends in das Dorf, wo die beiden Wirtshäuser standen. In dem einen ward gesungen und gesprungen, das andere hatte ein armseliges betrübtes Ansehen. Ich wäre wohl ein Narr, dachte er, wenn ich in das lumpige Wirtshaus ginge und das schöne liegen ließ. Also ging er in das lustige ein, lebte da in Saus und Braus und vergaß den Vogel, seinen Vater und alle guten Lehren.

Als eine Zeit verstrichen und der älteste Sohn immer und immer nicht nach Haus gekommen war, so machte sich der zweite auf den Weg und wollte den goldenen Vogel suchen. Wie dem Ältesten begegnete ihm der Fuchs und gab ihm den guten Rat, den er nicht achtete. Er kam zu den beiden Wirtshäusern, wo sein Bruder am Fenster des einen stand, aus dem der Jubel erschallte, und ihn anrief. Er konnte nicht widerstehen, ging hinein und lebte nur seinen Lüsten.

Wiederum verstrich eine Zeit, da wollte der jüngste Königssohn ausziehen und sein Heil versuchen, der Vater aber wollte es nicht zulassen. "Es ist vergeblich," sprach er, "der wird den goldenen Vogel noch weniger finden als seine Brüder, und wenn ihm ein Unglück zustößt, so weiß er sich nicht zu helfen, es fehlt ihm am Besten." Doch endlich, wie keine Ruhe mehr da war, ließ er ihn ziehen. Vor dem Walde saß wieder der Fuchs, bat um sein Leben und erteilte den guten Rat. Der Jüngling war gutmütig und sagte: "Sei ruhig, Füchslein, ich tue dir nichts zuleid!" – "Es soll dich nicht gereuen," antwortete der Fuchs, "und damit du schneller fortkommst, so steig hinten auf meinen Schwanz." Und kaum hat er sich aufgesetzt, so fing der Fuchs an zu laufen und ging's über Stock und Stein, dass die Haare im Winde pfiffen. Als sie zu dem Dorf kamen, stieg der Jüngling ab, befolgte den guten Rat und kehrte, ohne sich umzusehen, in das geringe Wirtshaus ein, wo er ruhig übernachtete. Am andern Morgen, wie er auf das Feld kam, saß da schon der Fuchs und sagte: "Ich will dir weiter sagen, was du zu tun hast. Geh du immer geradeaus, endlich wirst du an ein Schloss kommen, vor dem eine ganze Schar Soldaten liegt; aber kümmre dich nicht darum, denn sie werden alle schlafen und schnarchen: geh mittendurch und geradewegs in das Schloss hinein, und geh durch alle Stuben. Zuletzt wirst du in eine Kammer kommen, wo ein goldener Vogel in einem hölzernen Käfig hängt. Nebenan steht ein leerer Goldkäfig zum Prunk, aber hüte dich, dass du den Vogel nicht aus seinem schlechten Käfig herausnimmst und in den prächtigen tust, sonst möchte es dir schlimm ergehen." Nach diesen Worten streckte der Fuchs wieder seinen Schwanz aus, und der Königssohn setzte sich auf. Da ging's über Stock und Stein, dass die Haare im Winde pfiffen. Als er bei dem Schloss angelangt war, fand er alles so, wie der Fuchs gesagt hatte. Der Königssohn kam in die Kammer, wo der goldene Vogel in einem hölzernen Käfig stand, und ein goldener stand daneben; die drei goldenen Äpfel aber lagen in der Stube umher. Da dachte er, es wäre lächerlich, wenn er den schönen Vogel in dem gemeinen und hässlichen Käfig lassen wollte, öffnete die Türe, packte ihn und setzte ihn in den goldenen. In dem Augenblick aber tat der Vogel einen durchdringenden Schrei. Die Soldaten erwachten, stürzten herein und führten ihn ins Gefängnis. Den andern Morgen wurde er vor ein Gericht gestellt und, da er alles bekannte, zum Tode verurteilt. Doch sagte der König, er wollte ihm unter einer Bedingung das Leben schenken, wenn er ihm nämlich das goldene Pferd brächte, welches noch schneller liefe als der Wind, und dann sollte er obendrein zur Belohnung den goldenen Vogel erhalten.

Der Königssohn machte sich auf den Weg, seufzte aber und war traurig, denn wo sollte er das goldene Pferd finden? Da sah er auf einmal seinen alten Freund, den Fuchs, an dem Wege sitzen. "Siehst du," sprach der Fuchs, "so ist es gekommen, weil du mir nicht gehört hast! Doch sei guten Mutes, ich will mich deiner annehmen und dir sagen, wie du zu dem goldenen Pferd gelangst. Du musst gerades Weges fortgehen, so wirst du zu einem Schloss kommen, wo das

Pferd im Stalle steht. Vor dem Stall werden die Stallknechte liegen, aber sie werden schlafen und schnarchen, und du kannst geruhig das goldene Pferd herausführen. Aber eins musst du in acht nehmen: leg ihm den schlechten Sattel von Holz und Leder auf und ja nicht den goldenen, der dabeihängt, sonst wird es dir schlimm ergehen." Dann streckte der Fuchs seinen Schwanz aus, der Königssohn setzte sich auf, und es ging über Stock und Stein, dass die Haare im Winde pfiffen. Alles traf so ein, wie der Fuchs gesagt hatte, er kam in den Stall, wo das goldene Pferd stand. Als er ihm aber den schlechten Sattel auflegen wollte, so dachte er: Ein so schönes Tier wird verschändet, wenn ich ihm nicht den guten Sattel auflege, der ihm gebührt. Kaum aber berührte der goldene Sattel das Pferd, so fing es an laut zu wiehern. Die Stallknechte erwachten, ergriffen den Jüngling und warfen ihn ins Gefängnis. Am andern Morgen wurde er vom Gerichte zum Tode verurteilt, doch versprach ihm der König das Leben zu schenken und dazu das goldene Pferd, wenn er die schöne Königstochter vom goldenen Schlosse herbeischaffen könnte.

Mit schwerem Herzen machte sich der Jüngling auf den Weg, doch zu seinem Glück fand er bald den treuen Fuchs. "Ich sollte dich nur deinem Unglück überlassen," sagte der Fuchs, "aber ich habe Mitleiden mit dir und will dir noch einmal aus deiner Not helfen. Dein Weg führt dich gerade zu dem goldenen Schlosse. Abends wirst du anlangen, und nachts, wenn alles still ist, dann geht die schöne Königstochter ins Badehaus, um da zu baden. Und wenn sie hineingeht, so spring auf sie zu und gib ihr einen Kuss, dann folgt sie dir, und kannst sie mit dir fortführen; nur dulde nicht, dass sie vorher von ihren Eltern Abschied nimmt, sonst kann es dir schlimm ergehen." Dann streckte der Fuchs seinen Schwanz, der Königssohn setzte sich auf, und so ging es über Stock und Stein, dass die Haare im Winde pfiffen. Als er beim goldenen Schloss ankam, war es so, wie der Fuchs gesagt hatte. Er wartete bis um Mitternacht, als alles in tiefem Schlaf lag und die schöne Jungfrau ins Badehaus ging, da sprang er hervor und gab ihr einen Kuss. Sie sagte, sie wollte gerne mit ihm gehen, sie bat ihn aber flehentlich und mit Tränen, er möchte ihr erlauben, vorher von ihren Eltern Abschied zu nehmen. Er widerstand anfangs ihren Bitten, als sie aber immer mehr weinte und ihm zu Füssen fiel, so gab er endlich nach. Kaum war die Jungfrau zu dem Bette ihres Vaters getreten, so wachte er und alle andern, die im Schlosse waren, auf, und der Jüngling ward festgehalten und ins Gefängnis gesetzt.

Am andern Morgen sprach der König zu ihm: "Dein Leben ist verwirkt, und du kannst bloß Gnade finden, wenn du den

Berg abträgst, der vor meinen Fenstern liegt und über welchen ich nicht hinaussehen kann, und das musst du binnen acht Tagen zustande bringen. Gelingt dir das, so sollst du meine Tochter zur Belohnung haben." Der Königssohn fing an, grub und schaufelte ohne abzulassen, als er aber nach sieben Tagen sah, wie wenig er ausgerichtet hatte und alle seine Arbeit so gut wie nichts war, so fiel er in große Traurigkeit und gab alle Hoffnung auf. Am Abend des siebenten Tages aber erschien der Fuchs und sagte: "Du verdienst nicht, dass ich mich deiner annehme, aber geh nur hin und lege dich schlafen, ich will die Arbeit für dich tun." Am andern Morgen, als er erwachte und zum Fenster hinaussah, so war der Berg verschwunden. Der Jüngling eilte voll Freude zum König und meldete ihm, dass die Bedingung erfüllt wäre, und der König mochte wollen oder nicht, er musste Wort halten und ihm seine Tochter geben.

Nun zogen die beiden zusammen fort, und es währte nicht lange, so kam der treue Fuchs zu ihnen. "Das Beste hast du zwar," sagte er, "aber zu der Jungfrau aus dem goldenen Schloss gehört auch das goldene Pferd." – "Wie soll ich das bekommen?" fragte der Jüngling. "Das will ich dir sagen," antwortete der Fuchs, "zuerst bring dem Könige, der dich nach dem goldenen Schlosse geschickt hat, die schöne Jungfrau. Da wird unerhörte Freude sein, sie werden dir das goldene Pferd gerne geben und werden dir's vorführen. Setz dich alsbald auf und reiche allen zum Abschied die Hand herab, zuletzt der schönen Jungfrau, und wenn du sie gefasst hast, so zieh sie mit einem Schwung hinauf und jage davon, und niemand ist imstande, dich einzuholen, denn das Pferd läuft schneller als der Wind."

Alles wurde glücklich vollbracht, und der Königssohn führte die schöne Jungfrau auf dem goldenen Pferde fort. Der Fuchs blieb nicht zurück und sprach zu dem Jüngling: "Jetzt will ich dir auch zu dem goldenen Vogel verhelfen. Wenn du nahe bei dem Schlosse bist, wo sich der Vogel befindet, so lass die Jungfrau absitzen, und ich will sie in meine Obhut nehmen. Dann reit mit dem goldenen Pferd in den Schlosshof; bei dem Anblick wird große Freude sein, und sie werden dir den goldenen Vogel herausbringen. Wie du den Käfig in der Hand hast, so jage zu uns zurück und hole dir die Jungfrau wieder ab." Als der Anschlag geglückt war und der Königssohn mit seinen Schätzen heimreiten wollte, so sagte der Fuchs: "Nun sollst du mich für meinen Beistand belohnen." – "Was verlangst du dafür?" fragte der Jüngling. "Wenn wir dort in den Wald kommen, so schieß mich tot und hau mir Kopf und Pfoten ab." – "Das wäre eine schöne Dankbarkeit!" sagte der Königssohn, "das kann ich dir unmöglich gewähren." Sprach der Fuchs: "Wenn du es nicht tun willst, so muss ich dich verlassen; ehe ich aber fortgehe, will ich dir noch einen guten Rat geben. Vor zwei Stücken hüte dich, kauf kein Galgenfleisch und setze dich an keinen Brunnenrand!" Damit lief er in den Wald.

Der Jüngling dachte: "Das ist ein wunderliches Tier, das seltsame Grillen hat. Wer wird Galgenfleisch kaufen! Und die Lust, mich an einen Brunnenrand zu setzen, ist mir noch niemals gekommen." Er ritt mit der schönen Jungfrau weiter, und sein Weg führte ihn wieder durch das Dorf, in welchem seine beiden Brüder geblieben waren. Da war großer Auflauf und Lärmen, und als er fragte, was da los wäre, hieß es, es sollten zwei Leute aufgehängt werden. Als er näher hinzukam, sah er, dass es seine Brüder waren, die allerhand schlimme Streiche verübt und all ihr Gut vertan hatten. Er fragte, ob sie nicht könnten freigemacht werden. "Wenn Ihr für sie bezahlen wollt," antworteten die Leute, "aber was wollt Ihr an die schlechten Menschen Euer Geld hängen und sie loskaufen." Er besann sich aber nicht, zahlte für sie, und als sie freigegeben waren, so setzten sie die Reise gemeinschaftlich fort.

Sie kamen in den Wald, wo ihnen der Fuchs zuerst begegnet war, und da es darin kühl und lieblich war und die Sonne heiß brannte, so sagten die beiden Brüder: "Lasst uns hier an dem Brunnen ein wenig ausruhen, essen und trinken!" Er willigte ein, und während des Gespräches vergaß er sich, setzte sich an den Brunnenrand und versah sich nichts Arges. Aber die beiden Brüder warfen ihn rückwärts in den Brunnen, nahmen die Jungfrau, das Pferd und den Vogel, und zogen heim zu ihrem Vater. "Da bringen wir nicht bloß den goldenen Vogel," sagten sie, "wir haben auch das goldene Pferd und die Jungfrau von dem goldenen Schlosse erbeutet." Da war große Freude, aber das Pferd fraß nicht, der Vogel pfiff nicht, und die Jungfrau, die saß und weinte.

Der jüngste Bruder aber war nicht umgekommen. Der Brunnen war zum Glück trocken, und er fiel auf weiches Moos, ohne Schaden zu nehmen, konnte aber nicht wieder heraus. Auch in dieser Not verließ ihn der treue Fuchs nicht, kam zu ihm herabgesprungen und schalt ihn, dass er seinen Rat vergessen hätte. "Ich kann's aber doch nicht lassen," sagte er, "ich will dir wieder an das Tageslicht helfen." Er sagte ihm, er sollte seinen Schwanz anpacken und sich fest daran halten, und zog ihn dann in die Höhe. "Noch bist du nicht aus aller Gefahr," sagte der Fuchs, "deine Brüder waren deines Todes nicht gewiss und haben den Wald mit Wächtern umstellt, die sollen dich töten, wenn du dich sehen ließest." Da saß ein armer Mann am Weg, mit dem vertauschte der Jüngling die Kleider und gelangte auf diese Weise an des Königs Hof. Niemand erkannte ihn, aber der Vogel fing an zu pfeifen, das Pferd fing an zu fressen, und die schöne Jungfrau hörte Weinens auf. Der König fragte verwundert: "Was hat das zu bedeuten?" Da sprach die Jungfrau: "Ich weiß es nicht, aber ich war so traurig und nun bin ich so fröhlich. Es ist mir, als wäre mein rechter Bräutigam gekommen." Sie erzählte ihm alles, was geschehen war, obgleich die andern Brüder ihr den Tod angedroht hatten, wenn sie etwas verraten würde. Der König hieß alle Leute vor sich bringen, die in seinem Schlosse waren, da kam auch der Jüngling als ein armer Mann in seinen Lumpenkleidern, aber die Jungfrau erkannte ihn gleich und fiel ihm um den Hals. Die gottlosen Brüder wurden ergriffen und hingerichtet, er aber ward mit der schönen Jungfrau vermählt und zum Erben des Königs bestimmt.

Aber wie ist es dem armen Fuchs ergangen? Lange danach ging der Königssohn einmal wieder in den Wald. Da begegnete ihm der Fuchs und sagte: "Du hast nun alles, was du dir wünschen kannst, aber mit meinem Unglück will es kein Ende nehmen, und es steht doch in deiner Macht, mich zu erlösen," und abermals bat er flehentlich, er möchte ihn totschießen und ihm Kopf und Pfoten abhauen. Also tat er's, und kaum war es geschehen, so verwandelte sich der Fuchs in einen Menschen und war niemand anders als der

Bruder der schönen Königstochter, der endlich von dem Zauber, der auf ihm lag, erlöst war. Und nun fehlte nichts mehr zu ihrem Glück, solange sie lebten.

Märchen der Brüder Grimm

Die Märchen haben viele Bilder, um das Geheimnis zu beschreiben. Hier ist es ‚der goldene Vogel'. Er kommt nicht vor das eigene Fenster und singt einem sein wunderschönes Lied: er kommt des nachts und stielt die Äpfel. Das mag verstehen, wer will. Aber es ist wahrer als man sagen kann. Der Gott ist ein verzehrend Feuer, sagte man im alten Israel (5. Mose 4/24). Wer glaubt, das Höchste und Tiefste, das Goldene und Erhabene käme einem einfach so zugeflogen, irrt. Das Göttliche ist das Gebende, aber auch das Nehmende.

Der König, der nur um seine Äpfel besorgt ist, bestellt seine Söhne zu Wächtern. Die Initiation in das Leben beginnt hier mit der Selbstüberwindung.

Wer nicht in der Lage ist, um einer Aufgabe willen auf etwas von seinen natürlichen Bedürfnissen zu verzichten, z.B. eine Nacht wachzubleiben, wird nichts gewinnen (vgl. Mk 14/37f).

Die zweite Probe, die das Märchen nennt, ist ebenfalls sehr klar: man soll das Attraktive und Naheliegende meiden: ‚Highlife in the city' ist nicht angesagt, man wähle *das stille Haus*. Nicht dass das andere Haus schlecht wäre, aber man hat eine Aufgabe zu erfüllen und richtet seine Kraft darauf. Ein ‚ruhiger Schlaf' ist der Lohn und man kann sich am nächsten Tag wieder ganz seinen Aufgaben widmen. Das Schlichte, Gewöhnliche ist oft der bessere Weg, was motivisch hier wiederkehrt in dem hölzernen Käfig und dem schlechten

Sattel. Letztlich ist man besser geerdet. Der Schatz braucht ein irdenes Gefäß (2. Kor 4/7), sagt die christliche Botschaft, die etwas weiß von der Inkarnation des Göttlichen im tief Menschlichen (s. Lk 2).

Was man selten mit Schamanismus assoziiert, ist eine große Liebe und ein fast unendliches Mitgefühl. Und doch sind diese die Frucht eines langen Initiationsweges. Dieser ‚zieht' sich so ähnlich wie dieses Märchen. Wie oft man dabei versagt und wie viel es dazu braucht, zeigt es in volkstümlicher und beeindruckender Weise. Diese Wahrheit gilt natürlich nicht nur für den Schamanen, sie gilt für jedermann. Sie hat in dieser Geschichte geradezu neutestamentliche Dimensionen (vgl. Mt 18/21f).

Ohne den ‚treuen Fuchs' hätte der Königssohn nichts erreicht. Was ihm hilft und was ihn rettet, ist die unendliche Treue eines Tieres als Helfer des Menschen, das in so vielen Märchen erscheint. Es nimmt ihn auf seinen Schwanz und trägt ihn an die besagten Orte.

Jeder Schamane hat einen Hilfsgeist, der ihn ein Leben lang begleitet. Und das Tier als Kraft- oder Helfertier ist eines seiner wesentlichen Stützen.

Der Fuchs muss am Schluss noch erlöst werden*. Was so grausam erscheint, dass ein Mensch es eigentlich nicht über's

Herz bringt, ist in Wahrheit ein tiefes altes Wissen der Menschheit: „Wenn das Weizenkorn nicht in die Erde fällt und stirbt, bringt es keine Frucht“ (Joh 12/24). Es gibt keine Neugeburt ohne dass man zuvor stirbt. Jeder, der einen Initiationsweg geht oder den das Leben dahin führt, wird früher oder später solche Erfahrungen machen.

* Im Gegensatz zu dem interessanten serbischen Parallelmärchen ‚Vaters Weinstock‘, wo die ‚Füchsin‘ sehr machtvoll auftritt und Füchsin bleibt

7. Die Alte

Die Gänsehirtin am Brunnen

Es war einmal ein steinaltes Mütterchen, das lebte mit seiner Herde Gänse in einer Einöde zwischen Bergen und hatte da ein kleines Haus. Die Einöde war von einem großen Wald umgeben, und jeden Morgen nahm die Alte ihre Krücke und wackelte in den Wald. Da war aber das Mütterchen ganz geschäftig, mehr als man ihm bei seinen hohen Jahren zugetraut hätte, sammelte Gras für seine Gänse, brach sich das wilde Obst ab, so weit es mit den Händen reichen konnte, und trug alles auf seinem Rücken heim. Man hätte meinen sollen, die schwere Last müsste sie zu Boden drücken, aber sie brachte sie immer glücklich nach Haus. Wenn ihr jemand begegnete, so grüßte sie ganz freundlich: "Guten Tag, lieber Landsmann, heute ist schönes Wetter. Ja, Ihr wundert Euch, dass ich das Gras schleppe, aber jeder muss seine Last auf den Rücken nehmen." Doch die Leute begegneten ihr nicht gerne und nahmen lieber einen Umweg, und wenn ein Vater mit seinem Knaben an ihr vorüberging, so sprach er leise zu ihm: "Nimm dich in acht vor der Alten, die hat's faustdick hinter den Ohren: es ist eine Hexe."

Eines Morgens ging ein hübscher junger Mann durch den Wald. Die Sonne schien hell, die Vögel sangen, und ein kühles Lüftchen strich durch das Laub, und er war voll Freude und Lust. Noch war ihm kein Mensch begegnet, als er plötzlich die alte Hexe erblickte, die am Boden auf den Knien saß und Gras mit einer Sichel abschnitt. Eine ganze Last hatte sie schon in ihr Tragtuch geschoben, und daneben standen zwei Körbe, die mit wilden Birnen und Äpfeln angefüllt waren. "Aber Mütterchen", sprach er, "wie kannst du das alles fortschaffen?" "Ich muss sie tragen, lieber Herr", antwortete sie, "reicher Leute Kinder brauchen es nicht. Aber beim Bauer heißt's:

Schau dich nicht um, dein Buckel ist krumm.

Wollt Ihr mir helfen?" sprach sie, als er bei ihr stehen blieb, "Ihr habt noch einen geraden Buckel und junge Beine, es wird Euch ein leichtes sein. Auch ist mein Haus nicht so weit von hier: hinter dem Berge dort steht es auf einer Heide. Wie bald seid Ihr da hinaufgesprungen." Der junge Mann empfand Mitleiden mit der Alten, "zwar ist mein Vater kein Bauer", antwortete er, "sondern ein reicher Graf, aber damit Ihr seht, dass die Bauern nicht allein tragen können, so will ich Euer Bündel aufnehmen." "Wollt Ihr's versuchen", sprach sie, "so soll mir's lieb sein. Eine Stunde weit werdet Ihr freilich gehen müssen, aber was macht Euch das aus! Dort die Äpfel und Birnen müsst Ihr auch tragen."

Es kam dem jungen Grafen doch ein wenig bedenklich vor, als er von einer Stunde Wegs hörte, aber die Alte ließ ihn nicht wieder los, packte ihm das Tragtuch auf den Rücken und hing ihm die beiden Körbe an den Arm. "Seht Ihr, es geht ganz leicht", sagte sie. "Nein, es geht nicht leicht", antwortete der Graf und machte ein schmerzliches Gesicht, "der Bündel drückt ja so schwer, als wären lauter Wackersteine darin, und die Äpfel und Birnen haben ein Gewicht, als wären sie von Blei; ich kann kaum atmen." Er hatte Lust, alles wieder abzulegen, aber die Alte ließ es nicht zu. "Seht einmal", sprach sie spöttisch, "der junge Herr will nicht tragen, was ich alte Frau schon so oft fortgeschleppt habe. Mit schönen Worten sind sie bei der Hand, aber wenn's Ernst wird, so wollen sie sich aus dem Staub machen. Was steht Ihr da", fuhr sie fort, "und zaudert, hebt die Beine auf. Es nimmt Euch niemand den Bündel wieder ab." Solange er auf ebener Erde ging, war's noch auszuhalten, aber als sie an den Berg kamen und steigen mussten, und die Steine hinter seinen Füssen hinabrollten, als wären sie lebendig, da ging's über seine Kräfte. Die Schweißtropfen standen ihm auf der Stirne und liefen ihm bald heiß, bald kalt über den

Rücken hinab. "Mütterchen", sagte er, "ich kann nicht weiter, ich will ein wenig ruhen."

"Nichts da", antwortete die Alte, "wenn wir angelangt sind, so könnt Ihr ausruhen, aber jetzt müsst Ihr vorwärts. Wer weiß, wozu Euch das gut ist." "Alte, du wirst unverschämt", sagte der Graf und wollte das Tragtuch abwerfen, aber er bemühte sich vergeblich: es hing so fest an seinem Rücken, als wenn es angewachsen wäre. Er drehte und wendete sich, aber er konnte es nicht wieder loswerden. Die Alte lachte dazu und sprang ganz vergnügt auf ihrer Krücke herum. "Erzürnt Euch nicht, lieber Herr", sprach sie, "Ihr werdet ja so rot im Gesicht wie ein Zinshahn. Tragt Euren Bündel mit Geduld, wenn wir zu Hause angelangt sind, so will ich Euch schon ein gutes Trinkgeld geben." Was wollte er machen? Er musste sich in sein Schicksal fügen und geduldig hinter der Alten herschleichen. Sie schien immer flinker zu werden und ihm seine Last immer schwerer.

Auf einmal tat sie einen Satz, sprang auf das Tragtuch und setzte sich oben darauf; wie zaundürre sie war, so hatte sie doch mehr Gewicht als die dickste Bauerndirne. Dem Jünglinge zitterten die Knie, aber wenn er nicht fortging, so schlug ihn die Alte mit einer Gerte und mit Brennesseln auf die Beine. Unter beständigem Ächzen stieg er den Berg hinauf und langte endlich bei dem Haus der Alten an, als er eben niedersinken wollte. Als die Gänse die Alte erblickten, streckten sie die Flügel in die Höhe und die Hälse voraus, liefen ihr entgegen und schrien ihr "Wulle, wulle." Hinter der Herde mit einer Rute in der Hand ging eine bejahrte Trulle, stark und groß, aber hässlich wie die Nacht. "Frau Mutter", sprach sie zur Alten, "ist Euch etwas begegnet? Ihr seid so lange ausgeblieben."

"Bewahre, mein Töchterchen", erwiderte sie, "mir ist nichts Böses begegnet, im Gegenteil, der liebe Herr da hat mir meine Last getragen; denk dir, als ich müde war, hat er mich selbst noch auf den Rücken genommen. Der Weg ist uns auch gar nicht lang geworden, wir sind lustig gewesen und haben immer Spaß miteinander gemacht." Endlich rutschte die Alte herab, nahm dem jungen Mann den Bündel vom Rücken und die Körbe vom Arm, sah ihn ganz freundlich an und sprach: "Nun setzte Euch auf die Bank vor die Türe und ruht Euch aus. Ihr habt Euern Lohn redlich verdient, der soll auch nicht ausbleiben"

Dann sprach sie zu der Gänsehirtin: "Geh du ins Haus hinein, mein Töchterchen, es schickt sich nicht, dass du mit einem jungen Herrn allein bist, man muss nicht Öl ins Feuer gießen; er könnte sich in dich verlieben." Der Graf wusste nicht, ob er weinen oder lachen sollte. "Solch ein Schätzchen", dachte er, "und wenn es dreißig Jahre jünger wäre, könnte doch mein Herz nicht rühren. " Indessen hätschelte und streichelte die Alte ihre Gänse wie Kinder und ging dann mit ihrer Tochter in das Haus. Der Jüngling streckte sich auf die Bank unter einem wilden Apfelbaum. Die Luft war lau und mild; ringsumher breitete sich eine grüne Wiese aus, die mit Himmelschlüsseln, wildem Thymian und tausend andern Blumen übersät war; mittendurch rauschte ein klarer Bach, auf dem die Sonne glitzerte; und die weißen Gänse gingen auf und ab spazieren oder puderten sich im Wasser. "Es ist recht lieblich hier", sagte er, "aber ich bin so müde, dass ich die Augen nicht aufbehalten mag: ich will ein wenig schlafen. Wenn nur kein Windstoß kommt und bläst mir meine Beine vom Leib weg, denn sie sind mürb wie Zunder."

Als er ein Weilchen geschlafen hatte, kam die Alte und schüttelte ihn wach. "Steh auf ", sagte sie, "hier kannst du nicht bleiben. Freilich habe ich dir's sauer genug gemacht, aber das Leben hat's doch nicht gekostet. Jetzt will ich dir deinen Lohn geben, Geld und Gut brauchst du nicht, da hast du etwas anderes." Damit steckte sie ihm ein Büchslein in die Hand, das aus einem einzigen Smaragd geschnitten war. "Bewahr's wohl", setzte sie hinzu, "es wird dir Glück bringen." Der Graf sprang auf, und da er fühlte, dass er ganz frisch und wieder bei Kräften war, so dankte er der Alten für ihr Geschenk und machte sich auf den Weg, ohne nach dem schönen Töchterchen auch nur einmal umzublicken.

Als er schon eine Strecke weg war, hörte er noch aus der Ferne das lustige Geschrei der Gänse. Der Graf musste drei Tage in der Wildnis herumirren, ehe er sich herausfinden konnte. Da kam er in eine große Stadt, und weil ihn niemand kannte, ward er in das königliche Schloss geführt, wo der König und die Königin auf dem Thron saßen. Der Graf ließ sich auf ein Knie nieder, zog das smaragdene Gefäß aus der Tasche und legte es der Königin zu Füssen. Sie hieß ihn aufstehen, und er musste ihr das Büchslein hinaufreichen. Kaum aber hatte sie es geöffnet und hineingeblickt, so fiel sie wie tot zur Erde. Der Graf ward von den Dienern des Königs festgehalten und sollte in das Gefängnis geführt werden, da schlug die Königin die Augen auf und rief, sie sollten ihn freilassen, und jedermann sollte hinausgehen, sie wollte insgeheim mit ihm reden.

Als die Königin allein war, fing sie bitterlich an zu weinen und sprach: "Was hilft mir Glanz und Ehre, die mich umgeben, jeden Morgen erwache ich mit Sorgen und Kummer. Ich habe drei Töchter gehabt, davon war die jüngste so schön, dass sie alle Welt für ein Wunder hielt. Sie war so weiß wie Schnee, so rot wie Apfelblüte, und ihr Haar so glänzend wie Sonnenstrahlen. Wenn sie weinte, so fielen nicht Tränen aus ihren Augen, sondern lauter Perlen und Edelsteine. Als sie fünfzehn Jahre alt war, da ließ der König alle drei Schwestern vor seinen Thron kommen. Da hättet Ihr sehen sollen, was die Leute für Augen machten, als die jüngste eintrat, es war als wenn die Sonne aufging. Der König sprach: "Meine Töchter, ich weiß nicht, wann mein letzter Tag kommt, ich will heute bestimmen, was eine jede nach meinem Tode erhalten soll. Ihr alle habt mich lieb, aber welche mich von euch am liebsten hat, die soll das Beste haben." Jede sagte, sie hätte ihn am liebsten. "Könnt ihr mir's nicht ausdrücken", erwiderte der König, "wie lieb ihr mich habt? Daran werde ich's sehen, wie ihr's meint." Die älteste sprach: "Ich habe den Vater so lieb wie den süßesten Zucker." Die zweite: "Ich habe den Vater so lieb wie mein schönstes Kleid." Die jüngste aber schwieg. Da fragte der Vater: "Und du, mein liebstes Kind, wie lieb hast du mich?"

"Ich weiß es nicht", antwortete sie, "und kann meine Liebe mit nichts vergleichen." Aber der Vater bestand darauf, sie müsste etwas nennen. Da sagte sie endlich: "Die beste Speise schmeckt mir nicht ohne Salz, darum habe ich den Vater so lieb wie Salz." Als der König das hörte, geriet er in Zorn und sprach: "Wenn du mich so liebst als Salz, so soll deine Liebe auch mit Salz belohnt werden." Da teilte er das Reich zwischen den beiden ältesten, der jüngsten aber ließ er einen Sack mit Salz auf den Rücken binden, und zwei Knechte mussten sie hinaus in den wilden Wald führen. Wir haben alle für sie gefleht und gebeten", sagte die Königin, "aber der Zorn des Königs war nicht zu erweichen. Wie hat sie geweint, als sie uns verlassen musste! Der ganze Weg ist mit Perlen besät worden, die ihr aus den Augen geflossen sind. Den König hat bald hernach seine große Härte gereut, und hat das arme Kind in dem ganzen Wald suchen lassen, aber niemand konnte sie finden. Wenn ich denke, dass sie die wilden Tiere gefressen haben, so weiß ich mich vor Traurigkeit nicht zu fassen; manchmal tröste ich mich mit der Hoffnung, sie sei noch am Leben und habe sich in einer Höhle versteckt oder bei mitleidigen Menschen Schutz gefunden. Aber stellt Euch vor, als ich Euer Smaragdbüchslein aufmachte, so lag eine Perle darin, gerade der Art, wie sie meiner Tochter aus den Augen geflossen sind, und da könnt Ihr Euch vorstellen, wie mir der Anblick das Herz bewegt hat. Ihr sollt mir sagen, wie Ihr zu der Perle gekommen seid."

Der Graf erzählte ihr, dass er sie von der Alten im Walde erhalten hätte, die ihm nicht geheuer vorgekommen wäre und eine Hexe sein müsste; von ihrem Kinde aber hätte er nichts gehört und gesehen. Der König und die Königin fassten den Entschluss, die Alte aufzusuchen; sie dachten, wo die Perle gewesen wäre, da müssten sie auch Nachricht von ihrer Tochter finden. Die Alte saß draußen in der Einöde bei ihrem Spinnrad und spann. Es war schon dunkel geworden, und ein Span, der unten am Herd brannte, gab ein sparsames Licht. Auf einmal ward's draußen laut, die Gänse kamen heim von der Weide und ließen ihr heiseres Gekreisch hören. Bald hernach trat auch die Tochter herein. Aber die Alte dankte ihr kaum und schüttelte nur ein wenig mit dem Kopf. Die Tochter setzte sich nieder, nahm ihr Spinnrad und drehte den Faden so flink wie ein junges Mädchen. So saßen beide zwei Stunden, und sprachen kein Wort miteinander. Endlich raschelte etwas am Fenster und zwei feurige Augen glotzten herein. Es war eine alte Nachteule, die dreimal "uhu" schrie. Die Alte schaute nur ein wenig in die Höhe, dann sprach sie: "Jetzt ist's Zeit, Töchterchen, dass du hinausgehst, tu deine Arbeit."

Sie stand auf und ging hinaus. "Wo ist sie denn hingegangen?" Über die Wiesen immer weiter bis in das Tal. Endlich kam sie zu einem Brunnen, bei dem drei alte Eichbäume standen. Der Mond war indessen rund und groß über dem Berg aufgestiegen, und es war so hell, dass man eine Stecknadel hätte finden können. Sie zog eine Haut ab, die auf ihrem Gesicht lag, bückte sich dann zu dem Brunnen und fing an sich zu waschen. Als sie fertig war, tauchte sie auch die Haut in das Wasser und legte sie dann auf die Wiese, damit sie wieder im Mondschein bleichen und trocknen sollte. Aber wie war das Mädchen verwandelt! So was habt ihr nie gesehen! Als der graue Zopf abfiel, da quollen die goldenen Haare wie Sonnenstrahlen hervor und breiteten sich, als wär's ein Mantel, über ihre ganze Gestalt. Nur die Augen blitzten heraus so glänzend wie die Sterne am Himmel, und die Wangen schimmerten in sanfter Röte wie die Apfelblüte.

Aber das schöne Mädchen war traurig. Es setzte sich nieder und weinte bitterlich. Eine Träne nach der andern drang aus seinen Augen und rollte zwischen den langen Haaren auf den Boden. So saß es da und wäre lange sitzen geblieben, wenn es nicht in den Ästen des nahestehenden Baumes geknittert und gerauscht hätte. Sie sprang auf wie ein Reh, das den Schuss des Jägers vernimmt. Der Mond ward gerade von einer schwarzen Wolke bedeckt, und im Augenblick war das Mädchen wieder in die alte Haut geschlüpft, und verschwand wie ein Licht, das der Wind ausbläst.

Zitternd wie ein Espenlaub lief sie zu dem Haus zurück. Die Alte stand vor der Türe, und das Mädchen wollte ihr erzählen, was ihm begegnet war, aber die Alte lachte freundlich und sagte: "Ich weiß schon alles." Sie führte es in die Stube und zündete einen neuen Span an. Aber sie setzte sich nicht wieder zu dem Spinnrad, sondern sie holte einen Besen und fing an zu kehren und zu scheuern. "Es muss alles rein und sauber sein", sagte sie zu dem Mädchen. "Aber, Mutter", sprach das Mädchen, "warum fangt Ihr in so später Stunde die Arbeit an? Was habt Ihr vor!"

"Weißt du denn, welche Stunde es ist?" fragte die Alte. "Noch nicht Mitternacht", antwortete das Mädchen, "aber schon elf Uhr vorbei." "Denkst du nicht daran", fuhr die Alte fort, "dass du heute vor drei Jahren zu mir gekommen bist? Deine Zeit ist aus, wir können nicht länger beisammen bleiben." Das Mädchen erschrak und sagte: "Ach, liebe Mutter, wollt Ihr mich verstoßen? Wo soll ich hin? Ich habe keine Freunde und keine Heimat, wohin ich mich wenden kann. Ich habe alles getan, was Ihr verlangt habt, und Ihr seid immer zufrieden mit mir gewesen: schickt mich nicht fort." Die Alte wollte dem Mädchen nicht sagen, was ihm bevorstand. "Meines Bleibens ist nicht länger hier", sprach sie zu ihm, "wenn ich aber ausziehe, muss Haus und Stube sauber sein: darum halt mich nicht auf in meiner Arbeit. Deinetwegen sei ohne Sorgen, du sollst ein Dach finden, unter dem du wohnen kannst, und mit dem Lohn, den ich dir geben will, wirst du auch zufrieden sein."

"Aber sagt mir nur, was ist vor?" fragte das Mädchen weiter. "Ich sage dir nochmals, störe mich nicht in meiner Arbeit. Rede kein Wort weiter, geh in deine Kammer, nimm die Haut vom Gesicht und zieh das seidene Kleid an, das du trugst, als du zu mir kamst, und dann harre in deiner Kammer, bis ich dich rufe." Aber ich muss wieder von dem König und der Königin erzählen, die mit dem Grafen ausgezogen waren und die Alte in der Einöde aufsuchen wollten.

Der Graf war nachts in dem Walde von ihnen abgekommen, und musste allein weitergehen. Am andern Tag kam es ihm vor, als befände er sich auf dem rechten Weg. Er ging immer fort, bis die Dunkelheit einbrach, da stieg er auf einen Baum und wollte da übernachten, denn er war besorgt, er möchte sich verirren. Als der Mond die Gegend erhellte, so erblickte er eine Gestalt, die den Berg herabwandelte. Sie hatte keine Rute in der Hand, aber er konnte doch sehen, dass es die Gänsehirtin war, die er früher bei dem Haus der Alten gesehen hatte. "Oho!" rief er, "da kommt sie, und habe ich erst die eine Hexe, so soll mir die andere auch nicht entgehen." Wie erstaunte er aber, als sie zu dem Brunnen trat, die Haut ablegte und sich wusch, als die goldenen Haare über sie herabfielen, und sie so schön war, wie er noch niemand auf der Welt gesehen hatte. Kaum dass er zu atmen wagte, aber er streckte den Hals zwischen dem Laub so weit vor, als er nur konnte, und schaute sie mit unverwandten Blicken an.

Ob er sich zu weit überbog, oder sonst schuld war, plötzlich krachte der Ast, und in demselben Augenblick schlüpfte das Mädchen in die Haut, sprang wie ein Reh davon, und da der Mond sich zugleich bedeckte, so war sie seinen Blicken entzogen. Kaum war sie verschwunden, so stieg der Graf von dem Baum herab und eilte ihr mit behenden Schritten nach.

Er war noch nicht lange gegangen, so sah er in der Dämmerung zwei Gestalten über die Wiese wandeln. Es war der König und die Königin, die hatten aus der Ferne das Licht in dem Häuschen der Alten erblickt und waren drauf zugegangen. Der Graf erzählte ihnen, was er für Wunderdinge bei dem Brunnen gesehen hätte, und sie zweifelten nicht, dass das ihre verlorene Tochter gewesen wäre. Voll Freude gingen sie weiter und kamen bald bei dem Häuschen an; die Gänse saßen ringsherum, hatten den Kopf in die Flügel gesteckt und schliefen, und keine regte sich. Sie schauten zum Fenster hinein, da saß die Alte ganz still und spann, nickte mit dem Kopf und sah sich nicht um. Es war ganz sauber in der Stube, als wenn da die kleinen Nebelmännlein wohnten, die keinen Staub auf den Füssen tragen. Ihre Tochter aber sahen sie nicht. Sie schauten das alles eine Zeitlang an, endlich fassten sie sich ein Herz und klopften leise ans Fenster. Die Alte schien sie erwartet zu haben, sie stand auf und rief ganz freundlich: "Nur herein, ich kenne euch schon." Als sie in die Stube eingetreten waren, sprach die Alte: "Den weiten Weg hättet ihr euch sparen können, wenn ihr euer Kind, das so gut und liebreich ist, nicht vor drei Jahren ungerechterweise verstoßen hättet. Ihr hat's nichts geschadet, sie hat drei Jahre lang die Gänse hüten müssen: sie hat nichts Böses dabei gelernt, sondern ihr reines Herz behalten. Ihr aber seid durch die Angst, in der ihr gelebt habt, hinlänglich gestraft."

Dann ging sie an die Kammer und rief: "Komm heraus, mein Töchterchen." Da ging die Türe auf, und die Königstochter trat heraus in ihrem seidenen Gewand mit ihren goldenen Haaren und ihren leuchtenden Augen, und es war, als ob ein Engel vom Himmel käme. Sie ging auf ihren Vater und ihre Mutter zu, fiel ihnen um den Hals und küsste sie; es war nicht anders, sie mussten alle vor Freude weinen. Der junge Graf stand neben ihnen, und als sie ihn erblickte, ward sie so rot im Gesicht wie eine Moosrose; sie wusste selbst nicht warum. Der König sprach: "Liebes Kind, mein Königreich habe ich verschenkt, was soll ich dir geben?"

"Sie braucht nichts", sagte die Alte, "ich schenke ihr die Tränen, die sie um euch geweint hat, das sind lauter Perlen, schöner, als sie im Meer gefunden werden, und sind mehr wert als euer ganzes Königreich. Und zum Lohn für ihre Dienste gebe ich ihr mein Häuschen." Als die Alte das gesagt hatte, verschwand sie vor ihren Augen. Es knatterte ein wenig in den Wänden, und als sie sich umsahen, war das Häuschen in einen prächtigen Palast verwandelt, und eine königliche Tafel war gedeckt, und die Bedienten liefen hin und her.

Die Geschichte geht noch weiter, aber meiner Großmutter, die sie mir erzählt hat, war das Gedächtnis schwach geworden: sie hatte das übrige vergessen. Ich glaube immer, die schöne Königstochter ist mit dem Grafen vermählt worden, und sie sind zusammen in dem Schloss geblieben und haben da in aller Glückseligkeit gelebt, solange Gott wollte. Ob die schneeweißen Gänse, die bei dem Häuschen gehütet wurden, lauter Mädchen waren (es braucht's niemand übelzunehmen), welche die Alte zu sich genommen hatte, und ob sie jetzt ihre menschliche Gestalt wieder erhielten und als Dienerinnen bei der jungen Königin blieben, das weiß ich nicht genau, aber ich vermute es doch. Soviel ist gewiss, dass die Alte keine Hexe war, wie die Leute glaubten, sondern eine weise Frau, die es gut meinte. Wahrscheinlich ist sie es auch gewesen, die der

Königstochter schon bei der Geburt die Gabe verliehen hat, Perlen zu weinen statt der Tränen. Heutzutage kommt das nicht mehr vor, sonst könnten die Armen bald reich werden.

Die Gesellschaft lebt sehr von der jüngeren Generation, die alle erfreut und fordert und die Entwicklung letztlich voranbringt. In den Märchen sind es oft die Jüngsten, die die gestellte Aufgabe meistern. Aber wir leben in einem hohen Maß auch von den Alten, die Weisheit erlangt und etwas verwirklicht haben. Sie vermögen etwas.

Die Alte dieser Erzählung, eine ‚Hexe' im besten Sinne, zeigt, was die eigentliche Würde und Hoheit eines Schamanen und Lehrers, eines Priesters und Magiers ausmacht. Sie wird zwar missverstanden (vgl. Mt 12/24). Aber sie ist eine prophetisch begabte, gütige und liebevolle Frau, die mit ihren Tieren in bescheidenen Verhältnissen lebt. Sie tritt als harte, aber weise Lehrerin auf. Sie scheint eine schwache alte Frau zu sein, ist aber in Wahrheit mit großen Kräften begabt, hat Freundlichkeit und Humor.

Einem unbedarften Edelmann mutet sie immer mehr Lasten zu, am Ende alles, sie selbst eingeschlossen. Er klagt und protestiert, aber es hilft ihm nichts. Er muss es tragen – und es führt ihn letztlich zu seinem Glück. Das ist das, was große Lehrer vermögen. Ob sie einen in eine Tradition einweihen oder in ein Instrument oder in einen Beruf.

Wie der junge Mann macht auch die verstoßene Königstocher eine initiatische Erfahrung. Auch sie hatte sich bereits durch ihre Antwort als weise Frau gezeigt, wurde aber ebenfalls nicht verstanden. Sie lebt nun bei der Alten verborgen und geschützt. Doch auch die Tochter des Königs muss ein Opfer bringen: sie muss ihren Glanz, ihre Schönheit zurückzunehmen und sich verstellen. Erst ‚am Brunnen bei den drei alten Eichen' kann sie ihre Maske (Haut) ablegen und wieder sie selbst werden. Die Rückkehr zu der eigenen Wahrheit ist eine große Erfahrung – wie wenn man nach langer Zeit in der Fremde zurückkehrt ins eigene Land. Aber sie hat bei der alten Frau gelebt und gelernt und geht mit großen Geschenken.

8. Der Morgen ist weiser als der Abend

Ivan Bilibin

Wassilissa, die Wunderschöne

Im Zarenreich hinter den blauen Meeren und hinter den hohen Bergen lebte ein Kaufmann mit seiner Frau. Sie hatten eine einzige Tochter, die war so schön, dass alle sie Wassilissa die Wunderschöne nannten. Eines Tages wurde die Frau des Kaufmanns todkrank. Sie fühlte ihr Ende nahen und rief ihre Tochter zu sich.

»Wassilissa, mein Liebes«, sprach sie, »ich will dir eine Puppe schenken.« Und sie holte unter den Kissen eine Puppe hervor. »Immer, wenn du in Not bist, musst du ihr zu essen geben, dann wird sie dir helfen.«

Darauf küsste die Mutter ihre Tochter und verschied.

Der Vater trauerte eine Zeitlang um seine Frau. Da er aber wollte, dass Wassilissa gut versorgt würde, nahm er eine Witwe zur Frau, die zwei Töchter in Wassilissas Alter hatte. »Das trifft sich gut«, dachte der Kaufmann, »die drei werden sich sicher gut verstehen.«

Doch die zweite Frau sah voller Neid auf Wassilissas Schönheit, die größer und herrlicher war als die Schönheit ihrer Töchter, ja, Wassilissa übertraf alle Mädchen der Stadt. Sie wurde so böse darüber, dass sie Wassilissa die schwerste und schmutzigste Arbeit tun ließ. Sie schickte sie bei Wetter und Wind in den Garten hinaus, damit ihre schöne weiße Haut rau und dunkel werden sollte. Wassilissa tat alles, ohne zu widersprechen, aber am Abend gab sie ihrer Puppe zu essen und klagte ihr ihr Leid.

»Das ist kein Leben in diesem Haus, die Stiefmutter und die Schwestern leben wie die Fürstinnen, und ich muss ganz allein die schwerste Arbeit tun.«

Die Puppe sagte: »Geh schlafen, ich werde dir helfen.« Als Wassilissa erwachte, war alle Arbeit getan; das Haus blitzte vor Sauberkeit, die Wäsche war gewaschen und geflickt, das Wasser stand bereit, im Ofen brannte das Feuer, und das Essen war zubereitet. Tagsüber konnte Wassilissa ausruhen, denn die Puppe tat auch im Garten alle Arbeit. Sie rupfte das Unkraut, goss die Beete und schnitt den Kohl. Sie gab Wassilissa sogar ein Kraut gegen Sonnenbrand.

Auf diese Weise wurde Wassilissa immer feiner und schöner, die Stiefmutter und die Schwestern aber ärgerten sich so sehr, dass sie immer hässlicher und magerer wurden. Die Zeit verging, und schließlich waren die Mädchen alt genug, um zu heiraten. Aber die jungen Männer aus der

Stadt hatten nur Augen für Wassilissa und wollten die Schwestern gar nicht sehen.

Die Stiefmutter sagte zornig: »Wassilissa darf erst heiraten, wenn auch ihre Schwestern verheiratet sind!«

Und die jungen Männer verließen schnell das Haus und kamen nicht wieder.

Eines Tages musste der Vater seine Familie verlassen und sich auf eine lange Reise begeben. Da sagte die Stiefmutter: »Wir wollen von nun an am Rand des Waldes wohnen.« Dort stand ein leeres Haus, das keiner bewohnen wollte, denn der Wald war finster und unheimlich, und die Leute hatten Angst vor ihm, denn tief im Walde wohnte die Baba Jaga, die die Menschen wie Hühnchen auffraß, die sie erwischen konnte. Die Stiefmutter aber schickte Wassilissa immer wieder in den Wald und hoffte, die Baba Jaga würde sie eines Tages fangen und verspeisen, aber Wassilissa kam mit Hilfe ihrer Puppe immer aus dem Wald zurück.

Der Herbst kam, und an den langen Abenden gab die Stiefmutter den Mädchen Arbeiten: die eine häkelte Spitzen, die andere strickte Strümpfe, und Wassilissa spann. Dann löschte sie im ganzen Haus die Lichter aus und ging zu Bett. Nur eine Kerze brannte für die Mädchen. Als die Kerze herunterbrannte, nahm die eine der Schwestern die Schere, um den Docht zu kürzen, und dabei löschte sie die Flamme aus; die Mutter hatte es ihr aber so befohlen.

Sie jammerte: »Nun haben wir kein Feuer mehr und sind noch nicht fertig mit der Arbeit. So müssen wir bei der Baba Jaga Feuer holen!«

»Meine Nadel leuchtet so hell«, sagte die stickende Schwester, »ich brauche kein Feuer!«

»Meine Nadeln geben mir genug Licht«, sagte die strickende Schwester, »ich brauch auch kein Feuer!«

Beide aber riefen: »Also muss Wassilissa das Feuer holen! «

Auf ihrem Zimmer gab Wassilissa der Puppe zu essen, und diese sagte: »Hab nur keine Angst, solange ich bei dir bin, kann dir nichts Schlimmes geschehen!«

Auf dem langen und finsteren Weg durch den Wald leuchteten die Augen der Puppe. Plötzlich jagte ein Reiter vorüber, der schimmerte ganz weiß, ein Reiter mit weißem Gewand, auf einem weißen Pferd mit weißem Zaumzeug und weißem Sattel; da begann es hell zu werden.

Dann jagte ein Reiter vorüber ganz in Rot, in rotem Gewand, auf einem roten Pferd mit rotem Zaumzeug und rotem Sattel. Da ging die Sonne auf.

Der Weg war lang wie der Tag, und erst am Abend erreichte Wassilissa das Haus der Baba Jaga. Ein Zaun aus Menschenknochen umgab das Haus, auf Pfählen staken Menschenschädel. Die Angeln des Tores waren Menschenfüße, eine Menschenhand war der Riegel und das Schloss ein Menschenmund mit scharfen Zähnen.

Da jagte plötzlich ein Reiter daher, ein Reiter ganz in Schwarz, in schwarzem Gewand, auf schwarzem Pferd mit schwarzem Zaumzeug und schwarzem Sattel. Er jagte zum Tor hinaus und war verschwunden. Da war es tiefe Nacht.

Doch im selben Augenblick begannen die Augen der Schädel zu leuchten, dass es ringsum ganz hell wurde. Und im Wald erhob sich ein großer Lärm, die Bäume krachten, die Blätter zischten, und Baba Jaga fuhr herbei in einem Mörser. In der einen Hand schwenkte sie eine Keule, in der anderen einen Besen, mit dem sie die Spuren verwischte. Sie hielt an und schrie: »Es riecht nach Mensch! Wer ist es?«

Wassilissa, voll Angst und Entsetzen, verbeugte sich zitternd und sagte: »Die Schwestern haben mich nach Feuer geschickt!«

»Diese Schwestern kenne ich wohl«, fauchte Baba Jaga , »und Feuer sollst du bekommen, aber zuvor musst du für mich arbeiten. Arbeitest du nicht, so fresse ich dich!« Zum

Tor rief sie: »Auf, auf!«, und das Tor öffnete sich. Dann sagte sie zu Wassilissa: »Bring mir das Essen! Hole Kwas, Met, Bier und Wein aus dem Keller!«

Wassilissa gehorchte, und Baba Jaga aß für zehn und ließ nur ein Schüsselchen Kohlsuppe, ein Stückchen Brot und ein Häppchen Fleisch übrig.

»Morgen gehe ich aus dem Haus«, sagte sie. »Dann wirst du Haus und Hof aufräumen, das Essen kochen, die Wäsche waschen und die schlechten Körner aus dem Weizen lesen. Die Arbeit muss getan sein, wenn ich heimkomme, sonst fresse ich dich!«

Dann legte sich die Baba Jaga schlafen und schnarchte. Wassilissa fütterte ihre Puppe und klagte ihr ihre Not. »Was soll ich nur machen?«

Die Puppe sagte: »Der Morgen ist weiser als der Abend. Sei ruhig und schlafe.«

Wassilissa erwachte, und da flog der weiße Reiter vorüber, die Lichter in den Schädeln erloschen, die Baba Jaga pfiff nach Mörser, Keule und Besen, der rote Reiter flog auf seinem Pferd vorüber, da ging die Sonne auf, und Baba Jaga fuhr davon.

Als sich Wassilissa umschaute, sah sie, dass alle Arbeit getan war. Die Puppe suchte letzte schwarze Körner aus dem Weizen, und Wassilissa brauchte nur noch das Essen zu kochen.

Es wurde Abend; der schwarze Reiter flog auf seinem schwarzen Pferd herein, die Lichter der Schädel leuchteten auf, die Bäume krachten, die Blätter zischten, und Baba Jaga kam heim.

»Ist alle Arbeit gemacht?« fragte sie ärgerlich, als sie sah, dass alles getan war, was sie aufgetragen hatte.

Dann rief sie: »Kommt jetzt, meine Freunde, und mahlt mir den Weizen!« Und dreimal zwei Menschenhände nahmen den Weizen und verschwanden mit ihm. Baba Jaga aß und trank für zehn.

Sie befahl: »Morgen machst du die gleiche Arbeit und reinigst den Mohn!«, legte sich hin und schnarchte. Wassilissa fütterte wieder die Puppe und klagte ihr ihre Not.

»Leg dich ruhig schlafen«, sagte die Puppe. »Der Morgen ist weiser als der Abend.«

Auch am nächsten Morgen war alle Arbeit schon getan, und am Abend geschah dasselbe wie am Abend vorher. Baba Jaga knurrte: »Warum redest du nicht mit mir?«

Wassilissa antwortete: »Ich möchte dich etwas fragen.«

»Frage nur, doch gib acht, wer viel weiß, wird schnell alt! «

»Ich habe drei Reiter gesehen«, sagte Wassilissa, »der eine war rot, der andere weiß, der dritte schwarz. Wer sind diese Reiter?«

»Der weiße ist mein heller Tag, der rote meine rote Sonne, der schwarze meine schwarze Nacht. Alle drei dienen mir. Willst du noch etwas wissen?«

»Das ist genug«, sagte Wassilissa, die noch gerne nach den Menschenhänden gefragt hätte, es aber nicht wagte, weil sie sich fürchtete. »Wer viel weiß, wird schnell alt, das hast du ja gesagt.«

»Das ist dein Glück«, sagte Baba Jaga, »hättest du mehr gefragt, hätte ich dich gefressen. Doch sage mir, wie du es schaffst, mit der vielen Arbeit fertig zu werden.«

»Der Segen meiner Mutter hilft mir«, antwortete Wassilissa.

Da schrie die Baba Jaga: »Gesegnete Töchter sind mir ein Graus! Mach, dass du fortkommst!«

Sie zerrte Wassilissa aus dem Haus, gab ihr einen Schädel vom Zaun, das Licht für die Schwestern, und jagte sie weg. Wassilissa wanderte den ganzen Tag und durch die ganze Nacht, und das Licht im Schädel leuchtete ihr bis zum Morgen. Am Abend war das Haus ihrer Stiefmutter nicht mehr fern. Sie wollte den Schädel wegwerfen, denn sie dachte, die Schwestern hätten inzwischen anderswo Licht besorgt. Der Schädel aber sagte: »Nimm mich mit ins Haus!«

Im Haus war es noch immer dunkel, und als Wassilissa hineinging, leuchtete das Licht im Schädel hell auf. Zunächst waren die Stiefmutter und die Schwestern froh, sie zu sehen, denn das Licht, das sie sich bei den Nachbarn geholt hatten, war immer ausgegangen, sobald sie ins Haus traten. Dann aber begann das Licht des Schädels sie zu schmerzen, es tat ihnen so weh, dass sie sich versteckten. Doch sosehr sie sich auch verkrochen, das Licht drang überallhin und

brannte sie, brannte sie so heftig, dass schließlich alle drei zu Asche verbrannten.

Am nächsten Morgen vergrub Wassilissa den Schädel, verließ das Haus und ging in die Stadt. Sie bat eine alte Frau, die allein lebte, bei ihr wohnen zu dürfen. Dafür wollte sie für die Alte Flachs spinnen. Die alte Frau kaufte den Flachs für Wassilissa, und diese spann Fäden so fein wie Haar. So fein war der Faden, dass es keinen Webstuhl für ihn gab.

Nachdem die Puppe gegessen hatte, befahl sie Wassilissa: »Lass mich mit dem alten Webstuhl allein!«

Sie webte aber den allerfeinsten Stoff, während Wassilissa schlief. Sie riet der alten Frau, den Stoff zu verkaufen und das Geld zu behalten.

»So einen feinen Stoff kann nur der Zar tragen«, sagte die Alte und machte sich auf den Weg. Der Zar bewunderte die Feinheit des Gewebes und fragte: »Was willst du dafür haben?«

»Ich schenke ihn dir, Väterchen«, antwortete die Alte, und der Zar gab ihr dafür viele Gegengeschenke.

Doch am ganzen Hof war niemand, der aus diesem kostbaren Stoff Hemden nähen konnte, und so ließ der Zar die Alte wieder zu sich rufen.

»Du vermochtest den Stoff zu weben«, sagte er zu ihr, »da sollte es dir auch gelingen, Hemden davon zu nähen!«

»Es war Wassilissa, meine Pflegetochter«, sagte die Alte, »die diesen Stoff gewebt hat, und sie wird wohl die Hemden für dich machen.«

Wassilissa aber ging in ihr Zimmer und nähte aus dem wunderbaren Stoff zwölf Hemden. Die Alte brachte dem Zaren die Hemden, und der wollte das Mädchen sehen, das so schöne Hemden nähen konnte. Als Wassilissa vor dem Zaren stand, vergaß er die Hemden und sagte: »Wassilissa, du bist wunderschön! Ich lasse dich nicht mehr fort. Bitte, lasst uns sofort die Hochzeit feiern!«

Die Hochzeit wurde mit großer Pracht gefeiert und war ein glückliches Fest.

Wassilissas Vater kehrte endlich von seiner langen Reise zurück. Er erfuhr alles, was sich zugetragen hatte, und er blieb wie die alte Frau am Hofe des Zaren.

Wassilissas Beschützerin, die Puppe, ruhte von nun an von der vielen Arbeit aus.

Dieses große russische Märchen zeigt den Inititiationsweg einer jungen Heldin durch Bedrückung, Schrecken und Tod. Dass sie das besteht und in ein neues Leben findet, verdankt sie ihrer Aufrichtigkeit, der Hilfe ihrer lieben Mutter, ihrer Treue und ihrer Bereitschaft zu arbeiten. Ihre große Schönheit wird ihr zunächst zum Hindernis, bis sie zuletzt ein anderes großes Gegenüber findet.

Es ist fast ein Gegenstück zu dem vorherigen. Die erste alte Frau des Märchens ist keine weise liebevolle Lehrerin und Beschützerin. Sie ist eine menschenfressende unheimliche Hexe, die mit Keule und Besen in einem ‚Mörser' daherkommt*. Sie umgibt sich mit Symbolen des Todes und des Schreckens. Und sie bringt den Tod. Nur unter ganz bestimmten mutigen Bedingungen bringt sie aber auch das Leben – in einer Tiefe, die wir nicht zu hoffen wagten. Sie ist eine Schattengestalt der weisen Alten. Seltsamerweise ist gerade *sie* in der Lage, einem das Leben in besonderer Weise zu eröffnen – *wenn* man besteht.

Die Baba Jaga lebt in der Mitte des Waldes, alt und einsam und verwischt stets ihre Spuren – sie lebt im Verborgenen. Nur wer ihr furchtlos entgegentritt (wie Iwan in der ‚Froschkönigin') kann etwas ohne Gefahr von ihr bekommen. Oder wenn man, wie Wassilissa, unfreiwillig kommt und einen Schutz und eine Hilfe hat. Baba Jaga hat ihre magischen Kräfte, ihre Helfer und

Wissen – doch mit dem *Segen* kann sie nicht. Das zeigt eindeutig ihre Dunkelheit.

Dass sie als Magierin auch einen umfassenderen Hintergrund hat, zeigen die drei Reiter, nach denen Wassilissa fragt. Sie zeigen ihre Verbundenheit zu den Rhythmen der Sonne und ihre naturhafte, göttliche Qualität. Es sind ‚ihre' Reiter; d.h. nichts anderes, als dass sie auch die große Göttin verkörpert, das Leben der Natur im Geben und Nehmen, Auf- und Untergehen, Geborenwerden und Sterben. Man kann letztlich *alles* von ihr haben, wenn man entsprechend auftritt. Dass Wassilissa hier nicht alles erfragt, ist sehr wichtig – die Magie unterliegt einem strengen Schutz und Schweigen. Das gilt aber auch für die Natur, der man nicht alle ihre Geheimnisse entreißen soll.

Wassilissa musste unter ihrer Stiefmutter leiden und trifft nun durch sie auf die Baba Jaga. Was ihr hilft, ist die Liebe und das Vermächtnis ihrer Mutter: eine Puppe. Diese verkörpert – auf der kindlichen Ebene – die Macht des Schutzes, des Begleiters, der Hilfe und des Göttlichen. Sie weiß Rat und sie kann helfen. Ohne Schutz kann man den Geistern nicht begegnen.

Große Schönheit allein reicht nicht, um das Leben zu bestehen. Sie weckt Neid und Begehrlichkeit. Das Mädchen braucht eine tatkräftige Hilfe. Die Einweihung des jungen

Mädchens geschieht im Bestehen der ganzen Repressalien und der Begegnung mit der unheimlichen Alten. Durch die mütterliche Hilfe, die sie hat, und dadurch, dass die Baba Jaga ihr noch einen Schädel mitgibt, überlebt sie – und sterben ihre Bedrückerinnen.

Später findet Wassilissa mit der Hilfe einer *gütigen* Alten die Beachtung des Zaren. Sie hat es gelernt, unvergleichlich ‚fein' zu spinnen. Das ermöglicht ihr letztlich eine außergewöhnliche Heirat. Auch hier hat sie eine große Hilfe, aber auf der Basis ihrer eigenen Fähigkeiten. Es ist wohl immer ein Zusammenkommen von eigenem Können und glücklichen Umständen, dass einmal etwas Großes gelingt.

Dass es ein ‚glückliches Fest' war, wird berichtet; auch der Vater kommt zurück – so rundet sich die Geschichte. Auf ein glückliches Leben mag man hoffen. Die Puppe kann nun ruhen, Wassilissa ist jetzt selbst in der Lage, ihr Leben zu meistern.

Wassilissa besteht nicht durch ihre Schönheit, sondern einfach dadurch, dass sie dem Rat der Mutter gehorcht, in der Not die Puppe zu füttern. Es ist dies eines der beständigsten Anliegen der Märchen: dass man einem gegebenen Rat folgt und es einfach tut, ob man es nun versteht oder nicht.

So wird alles vollbracht, die bösen Absichten ihrer Familie fallen auf sie zurück und selbst die große Baba Jaga kann ihr nichts anhaben. Das Märchen, die 'kleine Mär' kündet wie die frohe Mär des Evangeliums (Mt 6/34), dass man vertrauen und die gegebene Hilfe annehmen kann. Der Morgen wird es zeigen, der weiser ist als der Abend

---

* Der russische Komponist Modest Mussorgski hat der Baba Jaga in seinem berühmten Klavierzyklus *Bilder einer Ausstellung* ein bleibendes Denkmal gesetzt. Als Vorlage dienten ihm Bilder des Malers Viktor Hartmann (1834–1873).

NACHWORT

Initiation scheint nur etwas für Auserwählte zu sein, die Liebe etwas für jedermann. In Wahrheit stehen beide in einem innigen Zusammenhang. Man kann nicht lieben, ohne mit dem Leben tief in Berührung zu sein. Wer lieben kann, ist schon vertraut und eingeweiht in wesentliche Dinge. Es braucht aber auch die Annahme jener schicksalhaften Begegnung und Erfahrung, die uns mit Wunderbarem und Göttlichen, mit Grenzen und Abgründen, mit Leid und Tod, mit Zauberhaftem und mit dem Bösen in Berührung bringen. Der Schamanismus hat in Europa keine große Bedeutung mehr, alle Naturreligionen wurden vom Christentum verdrängt und fast ausgelöscht. Aber die Volksmärchen haben von dieser alten Tradition etwas bewahrt und es in ihre Sprache gekleidet, so, dass jeder es hören kann. Wie bei den Gleichnissen Jesu gilt auch hier: man kann sie so oder so hören, als einfache Erzählungen oder auch als Hinweis auf wesentliche Dinge. Wer in der Tiefe zu hören vermag, dem vermögen die Märchen auch tief zu antworten. Sie lassen etwas davon ahnen, wie sehr wir nicht nur dem Christentum, sondern auch unseren vorchristlichen Wurzeln zu Dank verpflichtet sind.

Es ist nicht unbedingt nötig, das Alte zurückzuholen oder wiederzubeleben. Es wäre ausreichend, wenn wir es erinnern, es würdigen und die Prüfungen, die uns das Leben tagtäglich stellt, annehmen. Wir können sie begreifen als das, was die Alten das Mysterium nannten. Ein Frosch kann ein Prinz sein, eine Hexe eine Prüfung, eine durchwachte Nacht eine Läuterung, eine Krankheit ein Entwicklungsschritt, ein Tod eine Geburt, eine Trennung ein Neubeginn.

Wir zitieren zu guter Letzt den ‚Froschkönig und der eiserne Heinrich'. Er ist sprachlich sehr schön, konfrontiert aber wieder mit dem, was uns widerwärtig ist. Die goldene Kugel hält die Tochter längst in der Hand. Aber erst wenn sie verloren geht und wir sie mit großem Glück wiederbekommen, gibt es die Möglichkeit zu *erkennen*. Das ist der Preis der Initiation. Erlösung geschieht nur in der Transformation. Dann springt das Band vom Herzen. Es braucht vielleicht alle Kraft – vielleicht auch die, dass wir den Frosch gegen die Wand werfen. Aber (nur) *so* realisieren wir unsere eigene Wahrheit und haben die Möglichkeit, ein neues Leben zu gewinnen.

Der Froschkönig oder der eiserne Heinrich

Paul Friedrich Meyerheim

In den alten Zeiten, wo das Wünschen noch geholfen hat, lebte ein König, dessen Töchter waren alle schön; aber die jüngste war so schön, dass die Sonne selber, die doch so vieles gesehen hat, sich verwunderte, so oft sie ihr ins Gesicht schien. Nahe bei dem Schlosse des Königs lag ein großer dunkler Wald, und in dem Walde unter einer alten Linde war ein Brunnen; wenn nun der Tag recht heiß war, so ging das Königskind hinaus in den Wald und setzte sich an den Rand des kühlen Brunnens – und wenn sie Langeweile hatte, so nahm sie eine goldene Kugel, warf sie in die Höhe und fing sie wieder; und das war ihr liebstes Spielwerk.

Nun trug es sich einmal zu, dass die goldene Kugel der Königstochter nicht in ihr Händchen fiel, das sie in die Höhe gehalten hatte, sondern vorbei auf die Erde schlug und geradezu ins Wasser hineinrollte. Die Königstochter folgte ihr mit den Augen nach, aber die Kugel verschwand, und der Brunnen war tief, so tief, dass man keinen Grund sah. Da fing sie an zu weinen und weinte immer lauter und konnte sich gar nicht trösten. Und wie sie so klagte, rief ihr jemand zu: "Was hast du vor, Königstochter, du schreist ja, dass sich ein Stein erbarmen möchte." Sie sah sich um, woher die Stimme käme, da erblickte sie einen Frosch, der seinen dicken, hässlichen Kopf aus dem Wasser streckte. "Ach, du bist's, alter Wasserpatscher," sagte sie, "ich weine über meine goldene Kugel, die mir in den Brunnen hinabgefallen ist." – "Sei still und weine nicht," antwortete der Frosch, "ich kann wohl Rat schaffen, aber was gibst du mir, wenn ich dein Spielwerk wieder heraufhole?" – "Was du haben willst, lieber Frosch," sagte sie; "meine Kleider, meine Perlen und Edelsteine, auch noch die goldene Krone, die ich trage." Der Frosch antwortete: "Deine Kleider, deine Perlen und Edelsteine und deine goldene Krone, die mag ich nicht: aber wenn du mich liebhaben willst, und ich soll dein Geselle und Spielkamerad sein, an deinem Tischlein neben dir sitzen, von deinem goldenen Tellerlein essen, aus deinem Becherlein trinken, in deinem Bettlein schlafen: wenn du mir das versprichst, so will ich hinuntersteigen und dir die goldene Kugel wieder heraufholen." – "Ach ja," sagte sie, "ich verspreche dir alles, was du willst, wenn du mir nur die Kugel wieder bringst." Sie dachte aber: Was der einfältige Frosch schwätzt! Der sitzt im Wasser bei seinesgleichen und quakt und kann keines Menschen Geselle sein. Der Frosch, als er die Zusage erhalten hatte, tauchte seinen Kopf unter, sank hinab, und über ein Weilchen kam er wieder heraufgerudert, hatte die Kugel im Maul und warf sie ins Gras. Die Königstochter war voll Freude, als sie ihr schönes Spielwerk wieder erblickte, hob es auf und sprang damit fort. "Warte, warte," rief der Frosch, "nimm mich mit, ich kann nicht so laufen wie du!" Aber was half es ihm, dass er ihr sein Quak, Quak so laut nachschrie, als er konnte! Sie hörte nicht darauf, eilte nach Hause und hatte bald den armen Frosch vergessen, der wieder in seinen Brunnen hinabsteigen musste.

Am andern Tage, als sie mit dem König und allen Hofleuten sich zur Tafel gesetzt hatte und von ihrem goldenen Tellerlein aß, da kam, plitsch platsch, plitsch platsch, etwas die Marmortreppe heraufgekrochen, und als es oben angelangt war, klopfte es an die Tür und rief: "Königstochter, jüngste, mach mir auf!" Sie lief und wollte sehen, wer draußen wäre, als sie aber aufmachte, so saß der Frosch davor. Da warf sie die Tür hastig zu, setzte sich wieder an den Tisch, und es war ihr ganz angst. Der König sah wohl, dass ihr das Herz gewaltig klopfte, und sprach: "Mein Kind, was fürchtest du dich, steht etwa ein Riese vor der Tür und will dich holen?" – "Ach nein," antwortete sie, "es ist kein Riese, sondern ein garstiger Frosch." – "Was will der Frosch von dir?" – "Ach, lieber Vater, als ich gestern im Wald bei dem Brunnen saß und spielte, da fiel meine goldene Kugel ins Wasser. Und weil ich so weinte, hat sie der Frosch wieder heraufgeholt, und weil er es durchaus verlangte, so versprach ich ihm, er sollte mein Geselle werden; ich dachte aber nimmermehr, dass er aus seinem Wasser herauskönnte. Nun ist er draußen und will zu mir herein." Und schon klopfte es zum zweiten Mal und rief:

"Königstochter, jüngste,
Mach mir auf,
Weißt du nicht, was gestern
Du zu mir gesagt
Bei dem kühlen Wasserbrunnen?
Königstochter, jüngste,
Mach mir auf!"

Da sagte der König: "Was du versprochen hast, das musst du auch halten; geh nur und mach ihm auf." Sie ging und öffnete die Türe, da hüpfte der Frosch herein, ihr immer auf dem Fuße nach, bis zu ihrem Stuhl. Da saß er und rief: "Heb mich herauf zu dir." Sie zauderte, bis es endlich der König befahl. Als der Frosch erst auf dem Stuhl war, wollte er auf den Tisch, und als er da saß, sprach er: "Nun schieb mir dein goldenes Tellerlein näher, damit wir zusammen essen." Das tat sie zwar, aber man sah wohl, dass sie's nicht gerne tat. Der Frosch ließ sich's gut schmecken, aber ihr blieb fast jedes Bisslein im Halse. Endlich sprach er: "Ich habe mich sattgegessen und bin müde; nun trag mich in dein Kämmerlein und mach dein seiden Bettlein zurecht, da wollen wir uns schlafen legen." Die Königstochter fing an zu weinen und fürchtete sich vor dem kalten Frosch, den sie nicht anzurühren getraute und der nun in ihrem schönen, reinen Bettlein schlafen sollte. Der König aber ward zornig und sprach: "Wer dir geholfen hat, als du in der Not warst, den sollst du hernach nicht verachten." Da packte sie ihn mit zwei Fingern, trug ihn hinauf und setzte ihn in eine Ecke. Als sie aber im Bett lag, kam er gekrochen und sprach: "Ich bin müde, ich will schlafen so gut wie du: heb mich herauf, oder ich sag's deinem Vater." Da ward sie erst bitterböse, holte ihn herauf und warf ihn aus allen Kräften wider die Wand: "Nun wirst du Ruhe haben, du garstiger Frosch."

Als er aber herabfiel, war er kein Frosch, sondern ein Königssohn mit schönen und freundlichen Augen. Der war nun nach ihres Vaters Willen ihr lieber Geselle und Gemahl. Da erzählte er ihr, er wäre von einer bösen Hexe verwünscht worden, und niemand hätte ihn aus dem Brunnen erlösen können als sie allein, und morgen wollten sie zusammen in sein Reich gehen. Dann schliefen sie ein, und am andern Morgen, als die Sonne sie aufweckte, kam ein Wagen herangefahren, mit acht weißen Pferden bespannt, die hatten weiße Straußfedern auf dem Kopf und gingen in goldenen Ketten, und hinten stand der Diener des jungen Königs, das war der treue Heinrich. Der treue Heinrich hatte sich so betrübt, als sein Herr war in einen Frosch verwandelt worden, dass er drei eiserne Bande hatte um sein Herz legen lassen, damit es ihm nicht vor Weh und Traurigkeit zerspränge. Der Wagen aber sollte den jungen König in sein Reich abholen; der treue Heinrich hob beide hinein, stellte sich wieder hinten auf und war voller Freude über die Erlösung.

Und als sie ein Stück Wegs gefahren waren, hörte der Königssohn, dass es hinter ihm krachte, als wäre etwas zerbrochen. Da drehte er sich um und rief:

"Heinrich, der Wagen bricht!"
"Nein, Herr, der Wagen nicht,
Es ist ein Band von meinem Herzen,
Das da lag in großen Schmerzen,
Als Ihr in dem Brunnen saßt,
Als Ihr eine Fretsche (Frosch) wast (wart)."

Noch einmal und noch einmal krachte es auf dem Weg, und der Königssohn meinte immer, der Wagen bräche, und es waren doch nur die Bande, die vom Herzen des treuen Heinrich absprangen, weil sein Herr erlöst und glücklich war.

Weitere Bücher des Autors:

Verlag tao.de:

Mystische Dimensionen in den Märchen, 2014

Verlag Dr. Kovac:

Meditationen über Gelassenheit

Der Zugang des Menschen zu seinem Wesen nach einem Feldweggespräch Martin Heideggers und den deutschen Predigten Meister Eckharts, *1995*

Verlag Epubli:

Schamanismus, Religion, Mystik

Schamanismus – eine Spurensuche in Geschichte und Märchen, in Religion und Mystik

Wunder in Märchen und biblischen Geschichten – ein Lesebuch zum Staunen und Wundern (mit Heidi Christa Heim)

Märchen und biblische Geschichten – Ein Zwiegespräch über die großen menschheitlichen Themen

Märchen und Mystik – ein Sprung in den Brunnen

Tiere – ihre Geschichte, ihre Vielfalt, ihre Würde, ihr Sterben

Baumgedichte

Indian Spirit – Indianische Texte und Rituale

Israel – Mythos und Weisheit, Abgrund und Humor des jüdischen Volkes – mit Bildern von Marc Chagall

Salam – Islamische Mystik und Humor

Jesus von Nazareth – Gedichte zu biblischen Texten

Irische Segenswünsche – oder: der Segen des iro-schottischen Mönchtums

Zen – Gedichte zu Zen-Geschichten

Issa – Haikus der Empathie

Menschen – die die Welt bewegen – Gedichte und Biographien

Griechenland und Europa

China – auf der Suche nach dem ‚Reich der Mitte'

Vive la France! – Gedichte, Aphorismen und Bilder

Mutter Indien

Deutschland – Audaces fortuna adiuvat

Schwaben – das Land, die Geschichte, die Sprache, der Humor

Verse

Verse II

Verse III

Spirituelles – ernst und heiter

Tugenden – ernst und heiter (Aung San Kuu Kyi gewidmet)

Politisches – Heitere und ernste Gedichte mit Bildern zur aktuellen Politik (2013)

Spread your wings and fly! – Aphorismen und Bilder für junge Menschen

Buchempfehlung:

„Mystische Dimensionen in den Märchen“ von Jürgen Wagner

Hardcover:
978-3-95802-246-1
19,99€

Paperback:
978-3-95802-245-4
14,99€

eBook:
978-3-95802-247-8
9,99€

Märchen und Mystik sind sich auf den ersten Blick fremd, haben aber tiefe innere Übereinstimmungen. Es ist die innere Haltung, die hier wie dort den Ausschlag gibt für Heil oder Unheil.

Es geht um Kommunikation, und Hören und Gehorchen, um frohen Mut, um Geradlinigkeit und Treue, um Bereitschaft zum Dienen, um die Fähigkeit zu lernen, um Geschick, Aufrichtigkeit, Liebe – um nur einiges zu nennen.

Jürgen Wagner zeigt in diesem Buch, dass auch Märchen geeignet sind, uns auf Dinge zu stoßen, die sehr wahr sind und unser Herz erreichen wollen.

Das neue Selfpublishing-Portal für AutorInnen und für LeserInnen. Seien Sie dabei! Publizieren Sie als AutorIn in einem thematisch stimmigen Umfeld mit der Unterstützung eines erfahrenen Verlagshauses und entdecken Sie als LeserIn jeden Tag als erste/r neue Themen und Trends.

www.tao.de | info@tao.de

tao.de ist ein Imprint der J.Kamphausen Mediengruppe GmbH

jkamphausen AURUM Lebensbaum Verlag TAO Lüchow THESEUS tao.de